Instagram Marketing 2021

Die einfache Schritt-für-Schritt-Anleitung für mehr Likes, Follower und Kunden

Inklusive:

Verkaufsstarke Textvorlagen

Einleitung

„Bilder funktionieren immer" – zumindest ist an dieser Aussage auf Sozialen Netzwerken viel dran. Marketing über Plattformen wie Instagram zu betreiben und die eigenen Produkte und Ideen zu teilen, zugänglicher zu machen und mehr Umsatz zu generieren, ist weiterhin sehr beliebt. Doch ganz so einfach wie früher ist es nicht mehr, den Algorithmus von Instagram zu verstehen und wirklich eine entsprechende Reichweite zu erhalten.

Doch darum geht es - und nicht nur um das reine Teilen von einigen netten Bildern mit einem kurzen Text und einigen Hashtags, die in der Masse regelrecht untergehen. Zum einen ist es gar nicht so einfach, sich wirklich eine Fangemeinschaft aufzubauen und die Zielgruppe mit interessantem Content anzusprechen. Zum anderen ist es oftmals noch nicht ganz klar, warum Instagram Marketing 2021 so lukrativ ist und welche Möglichkeiten sich damit eröffnen können.

In diesem Buch erfährst du daher Gründe, warum du dich mehr mit Instagram beschäftigen solltest, und Möglichkeiten, wie du wirklich den Algorithmus für mehr Follower, Likes und Kunden hackst. Gestalte ansprechenden Content, baue dir eine Fangemeinschaft auf und lerne, wie du lukrative Werbeanzeigen schalten kannst!

Natürlich darf bei einer Einführung in die Welt des Instagram Marketings der Blick auf andere Influencer und auf mögliche Kollaborationen nicht fehlen. Der Grund dafür sind die vielen Vorteile, die sich aus einer solchen Zusammenarbeit ergeben – deine Reichweite lässt sich so zum Beispiel in kurzer Zeit stark erhöhen. Bei Instagram macht es viel Sinn, zusammenzuarbeiten und so noch schneller zum Ziel zu kommen, sprich zu einer großen Reichweite mit vielen Followern und möglichen Kunden. Grundsätzlich gibt es eine Vielzahl von kleinen, bisher noch nicht allgemein bekannten Tipps, um mehr Reichweite zu erhalten. Es macht auch keinen Sinn, sich auf extrem vielen Plattformen zu bewegen. Besser ist es, wenn du dich auf nur 2 bis 3 sozialen Plattformen bewegst und dort richtig vorgehst, um dir Follower aufzubauen und bekannt zu werden.

Da Instagram noch immer stärker als andere Plattformen wächst und auch im deutschsprachigen Raum eine sehr große Reichweite besitzt, solltest du diese Möglichkeit nicht ungenutzt lassen. In diesem Buch erfährst du alle Grundlagen, wie du beginnen kannst und wie auch du schon bald wesentlich mehr Follower als jetzt erhältst. Du möchtest außerdem die Klickrate deiner Beiträge deutlich erhöhen? Dann solltest du dir auch den Bonus dieses Buches durchlesen. Hier findest du direkt umsetzbare Taktiken und Tipps, wie du deinem Kanal viel ansprechender gestaltest.

Instagram Marketing 2021: Warum ist es so lukrativ?

Bevor es darum geht, wie du Instagram Marketing richtig betreibst, ist es sicherlich erst einmal interessant zu wissen, warum es sich überhaupt um eine lukrative Marketingform handelt. Denn eines steht fest: Instagram wird immer noch in Bezug auf Online Marketing unterschätzt - und genau davon kannst du jetzt profitieren!

Dabei gibt es jetzt schon 1 Milliarde Nutzer auf Instagram, die monatlich aktiv sind. Ganze 8 Millionen Business-Konten zeigen die starke Bedeutung der Plattform für Unternehmen. Hättest du zum Beispiel gedacht, dass ein Drittel aller Stories mit den meisten Aufrufen von Unternehmen stammen? Und die Zielgruppe: Ganze 64 Prozent aller Nutzer gehören in die Altersgruppe zwischen 18 und 34 Jahren. Diese Altersgruppe lässt sich daher bei Instagram besonders gut und gezielt ansprechen!

Beginnen wir aber zuerst damit zu erklären, was unter Instagram Marketing im Allgemeinen verstanden wird. Es gibt schließlich Gründe dafür, warum es sich heutzutage um eine so lukrative und interessante

Form des Marketings für ganz verschiedene Zielgruppen handelt.

Zum einen ist es möglich, Anzeigen zu schalten, Bilder in Form von Posts zu schalten und Storys mit Followern zu teilen. Außerdem besteht noch die Option, Live zu gehen und damit die Follower zu animieren, schnell auf die Inhalte zu klicken. Bei der Zusammenarbeit mit anderen Influencern und durch das Reposten, also Wiedergeben, von Inhalten der User, kann die Reichweite erhöht werden. Dadurch ist es möglich, dass die eigenen Bilder und eventuell auch Videos, falls denn welche vorhanden sind, von sehr vielen Usern gesehen werden.

Durch die Angabe von Hashtags werden die Bilder beim Suchen gefunden und können außerdem geteilt und kommentiert werden. Dadurch handelt es sich um eine wirklich einfache Methode, Produkte, Dienstleistungen oder einfach Details aus dem Alltag mit anderen zu teilen. Da Instagram auch sehr stark dafür verwendet wird, neue Ideen und Inspirationen für Produkte oder Lebensstile zu finden, kann hier wirklich noch etwas erreicht werden. Im Bereich Lifestyle spielen hier beispielsweise Ernährung, Sport und Mode eine extrem große Rolle – genau wie das Thema Reisen, um nur einige Beispiele zu nennen. Nirgendwo sonst ist es 2021 noch so einfach und verhältnismäßig günstig, Marketing zu betreiben und es zu schaffen, von den richtigen Leuten gesehen zu werden. Denn im Online Marketing geht es schließlich vor allem darum, von genug Menschen gesehen zu werden und so viele mögliche Kunden anzusprechen.

Du kannst bei Instagram sowohl deine Produkte oder Dienstleistungen als auch deinen persönlichen Lifestyle auf deinem Account zeigen. Bei Produkten wirst du von den Leuten gesehen, die vielleicht zu Kunden werden und dabei dann den Umsatz sowie die Bekanntheit erhöhen. Die andere Lösung, dich selbst und dein Leben in den Vordergrund zu stellen, ist aber ebenfalls interessant und alles andere als eine rein egozentrische Möglichkeit. Einmal angenommen, du liebst gesunde Ernährung und gehst außerdem richtig gerne laufen. Vielleicht sogar in Form von Wettkämpfen, sodass du Bilder von Läufen, von einem Marathon oder vom richtigen Sportleressen posten kannst.

Jetzt ist genau *das* für Unternehmen interessant, die Produkte im Bereich Laufsport und die passende Ernährung anbieten. Denn wenn du die Produkte in deinem Account nennst oder dafür Werbung machst, erhöhst du die Reichweite der Unternehmen. Das ist das wirklich Besondere an dieser Plattform: Du kannst hier als etabliertes Unternehmen, als Start up oder auch als Privatperson mit bestimmten Hobbys einsteigen und entsprechend bekannter werden. Je bekannter und größer du bist, desto leichter fällt es, den eigenen Account zu monetarisieren oder wirklich viele Leute auf deine Produkte aufmerksam zu machen.

Das sehr starke Wachstum von Instagram als Plattform spricht auf jeden Fall für sich. Darüber hinaus springen Menschen nun einmal stark auf Bilder an, verknüpfen damit Emotionen und können sich leicht für diese Form, Inhalte zu teilen, begeistern. Wichtig ist es auch, dass bei dieser Plattform vieles, jedoch nicht alles über das Visuelle, also über die Bilder, geht. Die Bilder müssen stimmen, ansprechen und die Zielgruppe begeistern. Darüber hinaus muss der Text aber auch stimmen und sollte ebenfalls emotional ansprechen oder zum Nachdenken anregen. Im Vergleich zu anderen Plattformen kostet es auch nicht viel Zeit, einen Post zu erstellen, und es fällt leicht, diese zu planen, damit täglich etwas veröffentlicht wird. Einige Tricks müssen aber bekannt sein, damit wirklich eine gewisse Reichweite möglich ist und der Post nicht einfach in der Masse untergeht.

Hier wäre noch anzumerken, dass zwar viele User einige Tipps und Tricks kennen, wie die Posts mehr gesehen werden.

Jedoch wissen viele eben nicht, wie es richtig funktioniert, und nutzen daher den Algorithmus der Plattform auch nicht so, wie es effizienter möglich wäre. Darin liegt eine große Chance für dich, wenn du einsteigen oder deinen Account bekannter machen möchtest. Außerdem wäre es schade, diese Möglichkeit zu verpassen, solange hier noch wirklich Marketing auf einfache Weise und zu geringen Kosten möglich ist.

Darüber hinaus ist Instagram gerade aufgrund der jetzt noch niedrigen Kosten für Werbeanzeigen sehr lukrativ. Im Gegensatz zu anderen Plattformen kannst du hier mit einem vergleichsweise geringen Budget eine enorme Reichweite und viele Follower oder potenzielle Kunden erreichen. Die Preise werden sicherlich bald steigen, sodass es sich tatsächlich lohnt, jetzt einzusteigen und gar nicht mehr damit zu warten. Immer, wenn du mit geringen Kosten viele Menschen erreichen kannst und relativ wenig Fachwissen für die Marketingform erforderlich ist, kann ganz sicher von einer lukrativen Option die Rede sein.

Heute wird es immer interessanter, sich einen Nebenverdienst aufzubauen und über verschiedene Plattformen etwas nebenbei zu verdienen. Es gibt hier viele Möglichkeiten, Instagram für sich selbst oder für die Firma zu monetarisieren und auf diese Weise nebenbei hinzuzuverdienen. Der Vorteil ist, dass du Instagram von überall auf der Welt und zu jeder Zeit aufbauen kannst. Dadurch kannst du langfristig entweder mehr verdienen oder sogar den normalen Job ersetzen und bist trotzdem zeitlich und örtlich ganz flexibel. Da es bei anderen Plattformen zumindest im Moment noch schwieriger ist, sich den Traum vom Nebenverdienst zu erfüllen, ist es kein Wunder, dass Instagram im Moment so beliebt und lukrativ ist.

Der Erfolg von Instagram ist aber auch darauf zurückzuführen, dass die führenden Köpfe des Unternehmens sich Gedanken über die Bedürfnisse der Nutzer machen. Sie fühlen sich in ihre Zielgruppe ein, erkennen Bedürfnisse und bieten dazu passende Angebote. Ganz so wie es immer der Fall sein sollte, da die Erkenntnis der Probleme und Bedürfnisse der Zielgruppe immer ein guter Weg zum Erfolg ist. Sehr wichtig ist natürlich auch die Tatsache, dass die neuen Features von Instagram Unternehmen in ihrem Wachstum bestärken. Hier ist Marketing erlaubt, der Aufbau von einer Marke wird gefördert und die Akzeptanz bei den Nutzern ist ebenfalls vorhanden, wenn es um die Inhalte von Unternehmenskonten geht!

Tatsächlich erfindet Instagram sich immer wieder neu und ist damit weit vom ursprünglichen Status als Foto-App entfernt. Obwohl es damit natürlich angefangen hat. Für Unternehmen gibt es einen ganz wichtigen Grund, Instagram zu nutzen und diese Entwicklung nicht zu ignorieren: Wer kein Profil nutzt, verliert den Zugang zu zahlreichen potenziellen Kunden. Desto weiter die Nutzerzahlen und damit die Reichweite von Instagram steigen, desto wichtiger wird dieses Kriterium sein, dass eine Marke sich den Ausschluss nicht leisten kann.

Damit du das Maximum aus Instagram herausholst und von möglichst vielen Menschen, die deiner Zielgruppe entsprechen, gesehen wirst, brauchst du aber einige Hintergrundinformationen. In den nächsten Kapiteln erfährst du mehr über die Vorgehensweise, wie du Instagram Marketing richtig nutzt und wie du interessanten Content für deine Zielgruppe erstellst. Eines steht allerdings fest: Die Konkurrenz schläft nicht – beginne also möglichst bald damit, deinen Account zu optimieren und die Plattform so zu nutzen, dass du einen möglichst großen Nutzen erhältst. Für den Erfolg brauchst du neben guten Bildern noch das Wissen um einige Feinheiten, mit denen du zu mehr Followern, Likes und damit auch zu mehr Kunden kommst. Dann steht beeindruckenden Ergebnissen sowie einer profitablen Nutzung von Instagram auch wirklich nichts mehr im Wege!

Für die richtige Verwendung von Instagram ist es enorm wichtig, dass du alle aktuellen Features kennst. Die Plattform ist dafür bekannt, immer wieder neue und spannende Extras herauszubringen und dadurch Möglichkeiten zu schaffen, wie du noch mehr gesehen wirst und wie du dir eine große Fangemeinde aufbaust! Zu den neuesten Features 2020 gehören beispielsweise die Punkte „Wirbleibenzuhause" oder die Unterstützung von kleinen Unternehmen. Das ist nicht nur in Zeiten der Solidarität miteinander wichtig, sondern auch für dich und für deine Sichtbarkeit. Denn es ist ganz normal, dass Instagram die neuesten Features immer am meisten pusht. Du kannst in diesem Fall den Algorithmus von Instagram für dich nutzen und wirst automatisch mehr Menschen angezeigt, als es sonst der Fall wäre. Da die Plattform sich immer weiter verändert, lohnt es sich, neue Features schnell auszutesten und für dich zu nutzen.

Weitere Informationen zu diesem Thema mit aktuellen Neuerungen und vielen tollen Tipps und Tricks findest du in dem Kapitel Features.

Interessanter Content? Die Zielgruppe richtig ansprechen

Täglich gibt es unzählige Posts auf Instagram, die zu den einzelnen Hashtags veröffentlicht werden. Meistens ist die Bildqualität sehr hoch, die Inhalte sind oft ansprechend und die Nutzer haben somit viele Auswahlmöglichkeiten in Bezug auf das, was sie sich anschauen wollen. Dennoch ist es natürlich möglich, interessante Inhalte zu gestalten und die Zielgruppe richtig anzusprechen. Du musst eigentlich nur wissen, wie das wirklich geht und solltest die Kriterien kennen, auf die es hier ankommt. Zu den wichtigsten Faktoren gehören hier die passenden Inhalte, die Zeit des Postings und die Art der Inhalte, die du auf deinem Account hochlädst.

Du solltest dir zunächst einmal überlegen, welches Konzept du hinter dein Produkt oder hinter dein Business im Allgemeinen stellen willst. Einfach planlos anzufangen, ist keine sinnvolle Vorgehensweise, da der einheitliche Stil mit zu den wichtigsten Grundbestandteilen deines Accounts gehört. Wechselst du immer wieder deinen Stil, dann bleibst du nicht wirklich im Gedächtnis und erhältst auch keinen gleichmäßig aufgestellten Account, der eine gewisse Ordnung zeigt.

Nehmen wir einmal als Beispiel an, dass du ein Produkt vermarkten und mit deinen Followern teilen möchtest. Dann solltest du dieses Produkt auf ganz verschiedene Arten präsentieren und dabei ruhig originell in der genauen Darstellung vorgehen. Lustige Darstellungen, kreative Ideen oder besondere Posen und Orte als Hintergrund sind hier möglich und helfen dabei, einige Produkte immer wieder neu aufzugreifen. Fotocollagen sind zwischendurch ebenfalls eine schöne Option und zeigen darüber hinaus, dass ein Produkt vielseitig einsetzbar ist. Die genaue Darstellung muss dann auf das Produkt abgestimmt sein, da sich nicht jede Methode der Darstellung für alle Accounts eignet.

Neben den Produkten an sich kommen auch Bilder, die einen Blick hinter die Kulissen zeigen, sehr gut an. Hier könnte das Büro gezeigt werden, die Mitarbeiter in der Pause oder vielleicht der Versammlungsraum mit dem Kicker – je nachdem, was hier möglich ist. Hier kommt es natürlich ganz auf das Produkt, auf die Umgebung, die Fertigung und auf möglicherweise vorhandene Mitarbeiter an. Achte in jedem Fall darauf, dass der Content zu deinem Produkt und zum Account passt – eine gute Portion Inspiration erhältst du hier auch, wenn du dir die Accounts der Konkurrenz mal genauer ansiehst. Überlege dir dabei auch selbst, worauf die User abfahren könnten und was du selbst gerne von einem Produkt oder von einem Unternehmen sehen würdest.

Wichtig ist, dass du dir ein Logo oder eine Besonderheit aufbaust, die großen Wiedererkennungswert besitzt. Dieses Logo sollte immer ins Auge fallen und mit deiner Marke oder deinem Produkt in Verbindung stehen.

Achte aber auch darauf, dass du zwischendurch, wenn möglich, kurze Videos und Livebilder postest und Abwechslung bietest. Ebenfalls interessant sind Aktionen oder Gutscheine zu bestimmten Anlässen. Damit kannst du viele Menschen ansprechen, verlierst diese Fans aber oft auch kurz darauf wieder. Daher kannst du zum Beispiel Gutscheine einstreuen, solltest es damit aber nicht übertreiben.

Eine weitere Möglichkeit ist es auch, Inhalte von anderen Usern auf deinem eigenen Account zu reposten. Das macht aber erst dann Sinn, wenn du dir eine gewisse Reichweite aufgebaut hast, da die anderen Follower im besten Fall stolz darauf sind, wenn ihre Inhalte von dir aufgegriffen werden. Mit dieser Maßnahme kannst du deine Reichweite erhöhen und deinem Account zu mehr Wachstum verhelfen. Außerdem handelt es sich hier um eine ganz einfache Lösung, um an guten Content zu kommen. Zu häufig oder zu früh solltest du aber mit diesem Schritt nicht beginnen, damit du andere User nicht verärgerst. Anders gesagt: Deine eigenen Inhalte müssen in jedem Fall noch stimmen.

Zum Account gibt es ebenfalls einige Dinge, die du beachten solltest. Zum einen macht es bei einem Profilbild keinen Sinn, auf viele Details zu achten oder ein Bild zu nutzen, welches überladen ist. Dieses Bild ist schließlich auf dem Handy extrem klein und sollte daher einfach gehalten sein und dein Produkt möglichst mit Wiedererkennungswert repräsentieren.

Hier sind quadratische Maße und eine Mindestauflösung von 500 x 500 Pixel sehr wichtig, damit das Bild noch erkennbar ist.

Die Bio ist ein weiterer wichtiger Bestandteil von allen Instagram Kanälen. Hier geht es darum, dass du deinen Account und eben nicht dein Produkt verkaufst. Du solltest dir hier ganz genau überlegen, warum ein Nutzer wirklich auf deinen Bio-Link klicken sollte, nachdem er davon gelesen hat. Du beschreibst hier dein Business, deine Alleinstellungsmerkmale und alles, was dein Business und nicht dein Produkt auszeichnet. Du willst deine Zielgruppe an dieser Stelle davon überzeugen, auf den Link zu klicken, und solltest Dinge wie einen eigenen Hashtag entsprechend angeben. Auch andere Kanälc wie bei YouTube sollten hier genannt werden. Gestalte den Text interessant, baue Emojis ein und hebe bestimmte Dinge so hervor. Hier macht es auch Sinn, ab und zu den Text in der Bio zu verändern und zu schauen, was hier am meisten Anklang findet.

Noch ein Hinweis: Du willst dem Nutzer die Möglichkeit geben, mit dir oder mit deinem Unternehmen direkt in Kontakt zu kommen? Dann solltest du dafür immer eine E-Mail-Adresse angeben, da Nachrichten bei Instagram tatsächlich nicht besonders beliebt sind und eher weniger genutzt werden.

Tipp: Du möchtest deine Bio schöner gestalten? Schreibe dafür deinen Text in eine Notiz-App und füge Zeilenumbrüche und Co. dort ein. Danach einfach in Instagram einkopieren und schon sieht deine Bio professionell aus!

Es kommt aber nicht nur auf den reinen Inhalt an, sondern auch darauf, wann und wie oft du etwas postest. Das sollte weder zu häufig, noch zu selten sein. Sonst kann es ganz schnell passieren, dass du in Vergessenheit gerätst und deine Fangemeinde, die du dir doch so mühsam aufgebaut hast, immer kleiner wird. Als Faustregel kannst du dir merken, dass du mindestens einmal täglich etwas posten solltest.

Im besten Fall schaffst du es aber zweimal täglich und lieferst dabei immer interessanten Inhalt mit Bildern, die deine Zielgruppe wirklich interessieren. Liefere hier so viel Content wie möglich, ohne dabei an irgendeinem Punkt deine Qualität zu vernachlässigen. Das ist ganz wichtig, damit du wirklich interessant bleibst.

Deine Kunden oder überhaupt deine Zielgruppe wird logischerweise nicht den ganzen Tag über Online sein. Das ist auch ganz normal und genau deshalb solltest du dich an die richtigen Zeiten halten, an denen dein Post auch gesehen wird. Das wäre unter der Woche zwischen 6 und 8 Uhr morgens und an den Abenden zwischen 17 und 20 Uhr. Instagram ist gerade vor und nach der Arbeit besonders interessant und wird häufig auch auf dem Arbeitsweg oder auf dem Weg zur Schule bzw. zur Uni angeklickt. An den Wochenenden sehen die Zeiten ein wenig anders aus. Dann sind die meisten Menschen zwischen 12 und 14 Uhr Online. Du möchtest aber dreimal am Tag einen Post mit deinen Fans teilen? Dann solltest du morgens, mittags und abends die entsprechende Einstellung vornehmen. Es wurde sogar schon herausgefunden, dass gerade am Donnerstag und am Freitag mit Abstand die meisten Likes verteilt werden.

Außerdem hat sich herausgestellt, dass Bildbeiträge bei Instagram im Jahr 2020 wieder beliebter werden. Tatsächlich haben Beiträge mit nur einem Bild im Durchschnitt 27,55 Prozent mehr Likes erhalten, als es bei Video-Beiträgen der Fall war. In den letzten Jahren nahm die Zahl der Likes bei Video-Beiträgen immer mehr zu. Aktuell ist das Interesse an permanenten Foto-Beiträgen offenbar genauso, wie das Interesse an Stories, gestiegen. Dabei handelt es sich um weitere Gründe, das Posten von klassischen Beiträgen mit einem Bild auf Instagram nicht zu nachlässigen.

Aktuell liegt der Fokus neben Bildern vor allem auf Stories. Ein Mix aus verschiedenen Formaten sowie der Verwendung von Features in den Storys ist darüber hinaus besonders zu empfehlen.

Neben Bildern kannst du natürlich auch Videos mit deiner Zielgruppe teilen. Hier liegen die Zeiten anders, da Videos vor allem ab 21 Uhr abends auf Interesse stoßen. Bei den Videos gibt es normale Videos, die maximal 59 Sekunden lang sein können, und spezielle IGTV-Videos, die auch länger als 59 Sekunden sein dürfen. Bei normalen, kurzen Videos sehen die Nutzer eine kleine Kamera rechts oben im Bild. Ein IGTV-Video hat rechts oben eine Art Kamera mit Linie darin und klassische Bilder weisen kein weiteres Symbol auf. Dadurch wissen die Nutzer direkt, was sie beim Klick auf einen Post zu erwarten haben. Es macht auch Sinn, Bilder und verschiedene Videoarten zu kombinieren. Je nachdem natürlich, was dein genauer Inhalt und was dein Thema im Profil ist.

Das klingt im ersten Moment viel anstrengender, als es wirklich der Fall ist. Es gibt mittlerweile genug Tools, mit denen du deine Posts sehr gut planen und voreinstellen kannst. Auf diese Weise werden einfach die Uhrzeit und das Datum für die Veröffentlichung eingestellt. Selbst eine ganze Woche lässt sich ohne weitere Schwierigkeiten so planen, damit du dich nicht täglich mit dieser Form des Marketings befassen musst. Im besten Fall planst du für rund 2 Wochen im

Voraus und postest zwischen-durch auch mal spontan etwas. Es gibt Apps wie zum Beispiel Later, die sich zur Planung anbieten und dir sehr viel Zeit sparen können. Auf diese Weise vergisst du nie deine Posts, lieferst hochwertigen Content und kannst sehen, was schon alles gepostet und verwendet wurde.

Extra-Tipp: Nutze keine geraden Uhrzeiten bei Later, damit zum Zeitpunkt der Veröffentlichung weniger Konkurrenz vorhanden ist! Anstelle von 19:00 Uhr nimmst du beispielsweise 19:15 Uhr.

Kommen wir zur Beschreibung von deinem Post, um deine Zielgruppe richtig anzusprechen. Frage dich vor dem Schreiben, wer deine Zielgruppe ist, an wen sich dein Angebot überhaupt richtet und welche Sprache deine Zielgruppe spricht. Nutze am besten rund 50 Zeichen und maximal 2 Emojis – perfekt ist es, wenn du einen Call to Action, also eine Handlungsaufforderung, einbaust. Beispiele dafür wären Fragen an die User. Überhaupt funktionieren Fragen richtig gut und du kannst die Interaktion mit deinen Fans extrem steigern, wenn du sie beispielsweise nach ihrer Meinung fragst. Gehe hier nicht zu aggressiv vor, versuche aber, deine Zielgruppe einzubinden oder eine Antwort zu erhalten. Durch Emojis kannst du deinen Text auflockern, unterstreichen und sprichst deine Zielgruppe an – langweilig soll es schließlich nicht werden.

Bei der Ansprache deiner Zielgruppe gibt es noch einen weiteren wichtigen Punkt, den du von der Bedeutung her nicht unterschätzen solltest: die Verwendung von Hashtags. Zum einen ist hier wieder die Überlegung wichtig, wen du ansprechen willst. Nutze zum Beispiel englische Hashtags nur dann, wenn deine Zielgruppe auch englischsprachig ist. Bist du vor allem an deutschen Followern interessiert, solltest du die Hashtags ebenfalls in Deutsch halten.

Tatsächlich können bis zu 30 Hashtags unter einem Bild gepostet werden. Alle, die darüber hinausgehen, werden nicht mehr angezeigt.

Wie viele Hashtags optimal sind, ist aber noch nicht abschließend geklärt. Der durchschnittliche Wert liegt bei etwa 10 Hashtags pro Post. Allerdings enthalten ganze 50 Prozent der Beiträge sogar weniger als 6 Posts. Tatsächlich zeigen Statistiken, dass die Interaktionsraten sinken, wenn bei einem Post mehr als 6 Hashtags verwendet werden. Doch diese Zahlen gelten nicht uneingeschränkt. Denke an viele berühmte Profile, die ganz ohne Hashtags oder fast ohne diese sehr starke Reaktionen bekommen. Diese Profile verfälschen die Ergebnisse, da nun einmal zahlreiche Beiträge erscheinen, die nicht von berühmten Profilen stammen. Es ist daher immer noch nicht klar, wie viele Hashtags optimal sind.

Einige Experten sagen deshalb auch, dass du nicht mehr als 10 nutzen solltest (oder eben 6) – andere sprechen davon, dass 25 bis 30 besser sind. Fest steht, dass du nicht mehr als 30 einstellen musst, da diese sowieso nicht angezeigt werden, und dass nur 2 oder 3 zu wenig sind. Natürlich hängt es auch damit zusammen, in welchem Bereich du dich bewegst, wie das Interesse und die Zielgruppe aufgestellt sind und was am besten funktioniert.

Hier ist es wichtig zu wissen, welche Hashtags du nutzen solltest, da oft zu populäre genutzt werden, bei denen du aber völlig untergehst. Hier kommt es genau wie bei allen weiteren Aspekten mit darauf an, was deine Konkurrenten posten. Betrachte die Hashtags der Konkurrenten und nimm dir Zeit für die Seite Tagsforlikes.com, da du dort die beliebtesten findest. Als Faustregel gilt, dass du 3 bis höchstens 5 Hashtags nutzt, die 5 Millionen Beiträge haben. Es sollten etwa 5 bis 10 sein, die 500.000 Beiträge haben und der größte Teil, also 10 bis 20 Hashtags, sollten nur rund 50.000 Beiträge haben. Diese Verteilung wird genutzt, da du auf diese Weise deine Beiträge noch breiter streuen kannst. Natürlich müssen die Hashtags passen, sie sollten also sowohl zu deinen Produkten, zu deiner Zielgruppe und nicht zuletzt zur Marke passen. Es lohnt sich, an dieser Stelle einmal Zeit zu investieren und sich Hashtags herauszusuchen, die dann in Gruppen abgespeichert und für die Zukunft verwendet werden. Dadurch kannst du dir im

Alltag beim täglichen Posten ziemlich viel Aufwand ersparen.

Im Idealfall schaffst du es, Hashtags zu nutzen, die zu möglichst vielen Interaktionen anregen. Es geht hier nicht alleine um die Suche nach Likes, sondern um Kommentare, Nachrichten und um den Austausch. Dafür sollten es nicht die allgemeinen Klassiker wie vielleicht #instagood oder #love sein. Vielmehr gibt es Hashtags, die Interaktionen anregen und genauer auf ein Thema zugeschnitten sind. Fülle daher nicht einfach nur deine Hashtags, sodass der Platz benutzt wurde, sondern überlege gut, welche du nutzen solltest.

Immer mehr Unternehmen nutzen die Möglichkeit, eigene Hashtags zu entwickeln. Es handelt sich um Hashtags, die direkt mit einer Marke in Verbindung stehen und für eine hohe Identifikation sorgen. Auf diese Weise werden die Nutzer zu den jeweiligen Posts gebracht und es fällt leichter, von anderen erwähnt zu werden. Dabei gibt es auch spezielle „Branded Hashtags“, die Unternehmen nutzen. Dadurch steigt die Aufmerksamkeit der Zielgruppe und es ist möglich, eine deutlich höhere Interaktionsrate zu erhalten.

Kleiner Tipp:

In den ersten 50 Zeichen deiner Posts solltest du deinen wichtigsten oder deine beiden wichtigsten Hashtags unterbringen. Außerdem solltest du auf keinen Fall immer die gleichen nutzen. Variiere hier immer wieder.

Erkenntnisse rund um das Thema Hashtags:

- 3 bis 5 spezielle Hashtags zur Ergänzung sind besser als ausschließlich Allgemeine Hashtags
- Weniger ist mehr!
- Verwende spezifische Hashtags für deine Marke, für Kampagnen und für spezielle Aktionen
- Folge Konkurrenten, um die verwendeten Hashtags zu sehen
- Zu viele Hashtags können die Interaktionsrate negativ beeinflussen

Grundsätzlich ist es empfehlenswert, nicht mehr als 1 oder 2 bekannte oder große Hashtags mit vielen Beiträgen zu nutzen. Dann kommen noch 3 bis 5 speziellere Hashtags mit dazu, um die Zielgruppe noch klarer anzusprechen und um aus der Masse herauszustechen.

Eine weitere Möglichkeit sind Storys, die du ebenfalls nutzen solltest, um mehr Reichweite zu erhalten.

Durch diese kannst du das Vertrauen und die Bindung an deinen Account bestärken.

Hier handelt es sich um eine eher neue Form des Contents, bei dem du auch Farben zum Aufpeppen nutzen kannst. Bilder, Videos oder Fragen an die Follower werden hier eingesetzt, sodass deiner Kreativität nicht wirklich Grenzen gesetzt sind. Die Storys bieten dir viele Möglichkeiten: von Links zu YouTube, zu Facebook oder zum Shop bis hin zum Promoten von Contests oder für die Vorstellung neuer Produkte. Du kannst aber auch Einblicke ins Team bieten, einen Blick hinter die Kulissen zeigen und Gewinner vom letzten Gewinnspiel bekanntgeben. Die Möglichkeiten sind hier extrem vielseitig und mit Storys baust du deine Fangemeinde definitiv aus, wenn du sie richtig einsetzt.

Tatsächlich hat sich herausgestellt, dass auch bei privaten Storys die Reichweite sehr groß ist. Nutzer gaben an, dass sie mehrmals wöchentlich die angezeigten Storys ansehen. Ganze 58 Prozent aller Nutzer rufen mehrmals täglich Storys bei Instagram auf. Und 19 Prozent teilen diese oder kommentieren sie. Das zeigt, dass Storys eine interessante Möglichkeit für mehr Interaktionen mit den Nutzern sind, die wirklich gut ankommen und entsprechend genutzt werden.

Hierbei ist es noch wichtig zu wissen, dass es zwei verschiedene Algorithmen von Instagram gibt, die eine Rolle spielen. Der eine Algorithmus bezieht sich auf den Feedpost und der andere auf die Storys, weshalb immer Posts und Storys zu nutzen sind. Dadurch ist die Wahrscheinlichkeit besonders hoch, dass viele Nutzer die Inhalte mitbekommen. Ein verpasster Feed muss nicht bedeuten, dass auch die Story verpasst wurde – und andersherum!

Eine weitere Option, um viel Traffic, also viele Besucher und Fans, zu erhalten ist es, live zu gehen. Noch wird diese Möglichkeit wenig genutzt, obwohl sich dadurch die Reichweite stark erhöht. Diese Inhalte werden oft erst im Anschluss angesehen, sodass du die Live-Beiträge nicht immer sofort löschen solltest, damit mehr User diese sehen können. Eine sehr gute Option ist es, die Follower vorher zu fragen, welche Fragen sie in den Live-Videos beantwortet haben möchten. Dadurch lieferst du passenden Content. Du könntest hier mit einer Abstimmung vorgehen und die häufigste Frage oder auch mehrere davon live beantworten. Dadurch werden die Zuschauer animiert, sich dazuzuschalten. Wichtig ist bei dieser Funktion, dass eine Ankündigung gemacht werden sollte – du kannst hier auch mit einem Countdown arbeiten und dadurch noch stärker auf das kommende Video aufmerksam machen. Mit den richtigen Inhalten ist das in jedem Fall eine tolle Möglichkeit, viel Reichweite zu erhalten und die Zielgruppe direkt anzusprechen.

Je mehr Follower vorhanden sind, desto eher promotet Instagram den Account als wichtig oder als top live. Dadurch kommen noch mehr Zuschauer mit dazu, was die Bekanntheit ebenfalls stark erhöht.

Tipp: Für ein noch höheres Vertrauen oder die Verifikation der jeweiligen Person kann auch der blaue Haken neben dem Instagram Profil genutzt werden, der bei allen Persönlichkeiten, die bereits im Fernsehen oder in den Medien vertreten waren, sehr begehrt ist.

Da der blaue Haken für Exklusivität steht und ein echtes Prestigezeichen ist, bemühen sich viele Personen, diesen zu bekommen. Falls beispielsweise von einem Star/ Promi mehrere Profile existieren, zeigt der blaue Haken, hinter welchem wirklich die reale Person also der Star steckt. Dieses Profil wird entsprechend mehr Aufmerksamkeit bekommen.

Du kannst in den Einstellungen im Bereich Konto die Verifizierung beantragen, wenn du ein öffentliches Profil hast und ein Ausweisdokument bereithältst. Ein solcher Haken für das offizielle Profil wird nicht allen Nutzern vergeben, doch es lohnt sich, diesen Schritt zu versuchen. Ich habe den blauen Haken zum Beispiel beantragt und diesen bisher trotz Auftritte im TV und bei Netflix noch nicht bekommen. Das zeigt auch, dass es wirklich nur wenigen Nutzern vorbehalten ist, den Haken zu bekommen.

Die Zusammenfassung für die Ansprache deiner Zielgruppe:

- ✓ Poste mindestens einmal täglich
- ✓ Nutze Zeiten in den frühen Morgen- und späten Abendstunden zum Posten
- ✓ Streue Videos, Fotocollagen und ab und zu Aktionen ein
- ✓ Baue Gewinnspiele oder Contests ein und nutze dafür verschiedene Formen
- ✓ Sei originell und präsentiere ein Produkt in vielen Formen
- ✓ Wähle ein Konzept und achte dann auf einheitlichen Content
- ✓ Passe die Sprache der Hashtags an die Zielgruppe an
- ✓ Streue deine Hashtags möglichst breit und nutze nicht zu populäre
- ✓ Gestalte deine Biographie ansprechend und lockere sie mit Emojis auf
- ✓ Nutze auch Storys und die Live-Funktion für eine noch größere Reichweite

- ✓ Nutze Content doppelt – immer! Verwende relevante Inhalte einmal als klassischen Post und mache eine Story daraus. Dadurch erreichst du deine Zielgruppe noch besser und gewinnst eine höhere Reichweite!

Der Aufbau einer Fangemeinschaft bei Instagram

Mit zu den wichtigsten Grundgedanken bei Instagram gehört der Aufbau einer Fangemeinschaft. Damit ist gemeint, dass Besucher dem Kanal als Follower folgen und es definitiv nicht bei einmaligen Besuchen bleibt. Durch eine Fangemeinde und eine entsprechende Anzahl an Followern bist du gerade als Influencer automatisch interessanter für mögliche Kooperationen. Die Zahl der Follower wird nicht umsonst bei allen Accounts oben angezeigt und sollte hier nicht zu gering ausfallen, damit überhaupt das Interesse für eine Kollaboration geweckt werden kann.

Der Grund für den Aufbau einer Fangemeinschaft reicht aber noch weiter, da mit einer größeren Gemeinde auch das Vertrauen wächst. Anders gesagt, sorgen Fans dafür, dass du nicht nur interessant, sondern auch vertrauenswürdig wirkst. Das ist natürlich für Unternehmen von großer Bedeutung und hilft dabei, den Produkten ebenfalls einen anderen Status zu verleihen. Es verhält sich hier ähnlich wie mit den Rezensionen, die im Internet zu finden sind: Wenn Kunden und Besucher bemerken, dass ein gewisses Interesse besteht und positive Bewertungen vorhanden sind, steigt das Vertrauen. In der Regel setzen wir uns ja auch nicht in ein unbekanntes, leeres Restaurant, sondern eher in eines, welches nicht nur nett aussieht, sondern schon einige Gäste hat. Genauso verhält es sich mit der Fangemeinde auf Instagram.

Es ist auch gar nicht erforderlich, extrem viele Fans zu haben. Nur eben so viele, dass es Vertrauen schafft und du im Vergleich mit deinen Konkurrenten nicht beinahe mit leeren Händen dastehst.

Tatsächlich hat sich herausgestellt, dass viele Profile auf Instagram nicht annähernd so viele Follower haben, wie es sonst vielleicht angenommen wird. Denn 52,43 Prozent aller Konten haben noch nicht einmal 1.000 Follower, 37,47 Prozent haben zwischen 1.000 und 10.000 Followern. Nur 0,32 Prozent aller Profile auf Instagram haben mehr als 100.000 Follower. Zu diesen gehören dann auch Stars, internationale Marken und natürlich die berühmtesten Influencer. Es geht also gar nicht mehr unbedingt um die höchsten Followerzahlen, sondern mehr um ein stabiles Wachstum und um die Interaktion mit den Nutzern. Und natürlich darum, ob die Zielgruppe erreicht wird oder nicht.

Jetzt fragst du dich sicher, wie du vorgehen kannst, um eine größere Fangemeinschaft aufzubauen. Dafür brauchst du zunächst einmal die richtige Zielgruppe, die du ansprechen solltest. Einfacher geht das, wenn du dir deine Konkurrenten im gleichen Bereich einmal genauer ansiehst. Studiere die Seiten, die Posts und schaue dir vor allem die Abonnenten ganz genau an. Das sind nun die, bei denen du Beiträge liken und kommentieren solltest. Dadurch werden sie auf dich aufmerksam und passen höchstwahrscheinlich in die Zielgruppe, die du ansprechen möchtest.

Im Laufe der Zeit haben sich ein paar Richtwerte ergeben, die zeigen, wie viel du hier erwarten kannst und ob diese Arbeit wirklich etwas bringt. Einmal angenommen, du folgst den Abonnenten deiner Mitbewerber, dann folgen rund 13 Prozent zurück. Wenn du eine Stufe weitergehst und den anderen nicht nur folgst, sondern auch die Beiträge likst, dann folgen 21 Prozent dir zurück. Durch zusätzliche Kommentare erhöhst du den Wert auf 31 Prozent. Mit einer gezielten Suche nach der passenden Zielgruppe, dem Folgen der Abonnenten und durch Kommentare schaffst du es, dass dir fast jeder dritte zurückfolgt.

Die früher als effizient bekannte Vorgehensweise, drei Bilder zu liken, dann einmal zu kommentieren und für 10 Tage zu folgen, gilt heute wieder als veraltet. Tatsächlich straft Instagram es sogar ab, wenn du nach kurzer Zeit den anderen nicht mehr folgst. Nur ist es noch nicht allgemein bekannt, dass es sich um eine überholte Strategie handelt!

Mit gezielter Arbeit ist es möglich, sich eine beeindruckende Fangemeinde aufzubauen. Wenn du es dann noch schaffst, für die Zielgruppe passenden

Content zu veröffentlichen, hast du tatsächlich schon viel erreicht.

Es gibt hier auch die Möglichkeit eines sogenannten Splittests, um herauszufinden, wer die beste Zielgruppe für dich und für deinen Account ist. Dafür benötigst du mehrere Mitbewerber und kannst es erst einmal mit 100 Abonnenten von jeweils zwei Mitbewerbern versuchen. Nutze die zuvor beschriebene Technik des Folgens, Kommentierens und Likens und überprüfe, wie viele der Abonnenten dir am Ende wirklich folgen. Im nächsten Schritt nutzt du andere Mitbewerber und testest alle am Ende 2 Wochen. Nach insgesamt 8 Wochen hast du durch diese Technik eine Zielgruppe erhalten, die optimal passt und die dann deine ultimativen Fans darstellt.

Dieses Vorgehen klingt im ersten Moment zwar gut und führt in die richtige Richtung, kann aber auch recht zeitintensiv sein. Um dem abzuhelfen, kannst du den Splittest automatisieren und machst dir den Aufbau einer Fangemeinde dadurch sicherlich leichter. Mit einem guten Freelancer oder einem virtuellen Assistenten kannst du dies erreichen. Hier ist die Auswahl von gut arbeitenden und geeigneten Mitarbeitern aber extrem wichtig, damit du wirklich das gewünschte Ergebnis erhältst. Mit weniger professionell arbeitenden Freelancern kann es hingegen sogar passieren, dass du an Reichweite verlierst oder den Splittest überhaupt nicht ernsthaft umsetzen kannst.

Du kannst auch mit Instagress arbeiten. Das Tool liked, kommentiert und folgt den anderen Usern für dich und arbeitet automatisch. Diese Vorgehensweise der Automatisierung ist allerdings ungeeignet, wenn du noch keinen Splittest durchgeführt hast. Zuerst solltest du daher deine Mitbewerber genau überprüfen und erst im Anschluss einen solchen Weg einschlagen.

Hierbei solltest du nicht vergessen, dass deine Fans, also deine Follower, in Kunden verwandelt werden können. Sie sind damit auf jeden Fall eine gute Ausgangsbasis für eine größere Reichweite, für mehr Vertrauen und daher eine Möglichkeit, auf Dauer mehr Umsatz zu erhalten. Überhaupt ist der Wert von Interaktionen mit den Followern nicht zu unterschätzen. Hier gibt es noch den Wert der Engagement Rate, die an dieser Stelle ebenfalls von Bedeutung ist. Mit dieser Rate ist die Anzahl der User gemeint, die auf deinen Content reagiert. Du kannst diese Rate selbst ausrechnen oder durch ein Analysetool bestimmen lassen. Dafür werden die Likes und die Kommentare durch die Anzahl der Follower mal 100 geteilt. Die Rate sollte möglichst hoch liegen und hier lässt sich bei Instagram schnell eine Verbesserung erzielen, die spürbaren Erfolg mit sich bringt.

Sicherlich entsteht jetzt die Frage, wie sich die Engagement Rate steigern lässt. Hierfür bestimmend sind dein Engagement, deine Interaktionen mit deiner Zielgruppe.

Hinterlasse Kommentare, antworte auf alle Fragen und stelle selbst ebenfalls sinnvolle Fragen. Like Kommentare, die an dich gerichtet sind und verlinke andere User in Kommentaren oder auch in den Beiträgen. Eine weitere Option sind Shoutouts, bei denen du das Profil und das Angebot von Mitbewerbern bewirbst. Achte darauf, dass du hier Anfragen stellst und dich an User richtest, die aktuell etwa die gleiche Followerzahl wie du selbst haben. Im Normalfall werden solche Beiträge nach maximal 24 Stunden wieder gelöscht, doch bis dahin wirken die Shoutouts schon.

Hilfreich beim Aufbau einer Fangemeinde sowie zur Erhöhung deiner Bekanntheit sind im Übrigen auch Gewinnspiele und Contests. Damit solltest du nach der Anfangszeit ebenfalls arbeiten und du wirst schnell Ergebnisse bemerken. Zu den Gewinnspielen gibt es noch einige Punkte zu beachten, die diese zum Erfolg machen werden. Da die Follower etwas gewinnen können, ist das Interesse hier natürlich groß und die meisten Fans werden gerne teilnehmen.

Jede Aktion solltest du nicht nur genau planen, sondern auch das Ziel festlegen. Überlege dir genau, was du erreichen möchtest und worauf es ankommt. Ziele könnten zum Beispiel mehr Follower oder auch E-

Mail-Adressen sein. Im nächsten Schritt lege fest, was genau du machst und was deine Follower umsetzen müssen. Hier gibt es mehrere Möglichkeiten:

1. **Der Likecontest**

Hier muss das Ziel vorher festgelegt werden, da ein Like ziemlich einfach ist. Du könntest beispielsweise angeben, dass für die Teilnahme ein Like und das Verlinken von einem anderen User ausreichend sind. Am Ende wird der Gewinner ausgelost – durch den sehr einfachen Contest kannst du die Interaktionen steigern.

2. **Der Hashtagcontest**

Hierfür brauchst du einen eigenen, bisher unbenutzten Hashtag. Dieser sollte auf jeden Fall in der Sprache sein, die deine Zielgruppe nutzt. Eine Contestidee wäre dann das Posten von einem Bild mit diesem Hashtag, der von dir ausgewählt wurde. Hierbei kannst du am Ende besonders gut den Erfolg und die Teilnahme erkennen, wenn dieser Hashtag ausgewertet wird.

3. Der Leadkontest

Bei diesem Contest ist das Ziel, dass Adressen eingesammelt werden. Genau das musst du daher auch in den Teilnahmebedingungen angeben.

Wichtige Punkte bei einem Gewinnspiel:

- ✓ Lege genau fest, wie die Teilnahmebedingungen aussehen – wer muss was bis zu welchem Zeitpunkt machen
- ✓ Überlege dir, was du mit dem Gewinnspiel erreichen willst
- ✓ Erwähne den Contest mindestens einmal täglich
- ✓ Rechne dir genau die Preise und die Kosten dafür aus, damit sich die Aktion lohnt
- ✓ Wenn du Follower sammeln willst: Erwähne das Gewinnspiel auch auf anderen Plattformen
- ✓ Mache die Aktion in einem ansprechenden Satz deutlich
- ✓ Stelle im Bild den Preis vor

- ✓ Teilnahmebedingungen entweder in die Bildbeschreibung schreiben oder mit Hinweis auf die Bio, wo die Bedingungen genannt werden

- ✓ Schreibe, dass Instagram nicht für deine Aktion verantwortlich ist und du selbst die Regeln aufstellt

- ✓ Stelle am Ende des Contests den Gewinner mit einem passenden Bild vor

Mit einem Contest kannst du also wirklich viel erreichen und solltest daher diese Möglichkeit ab und zu in Erwägung ziehen. Doch welche Ideen für Contests gibt es überhaupt? Für einen Hashtagcontest könntest du zum Beispiel sagen, das kreativste oder coolste Selfie mit dem Produkt gewinnt. Falls es kein Produkt sein soll, kannst du auch bestimmte Ideen nutzen, um besondere Bilder zu machen und diese dann zu posten. Du könntest auch angeben, dass einem Lieblingsbild ein Like gegeben werden soll – oder du nutzt ein Quiz und stellst eine Frage, die für den Gewinn richtig beantwortet werden muss.

Geschichten über ein Produkt, Vorschläge über ein Design oder andere Aufforderungen sorgen ebenfalls dafür, dass du viele Teilnehmer bekommst. Als Voraussetzung für die Teilnahme an Gewinnspielen könntest du angeben, dass die User dir folgen müssen. Der genaue Contest hängt immer mit deinem Account zusammen, sodass du ruhig kreativ werden kannst. Hier fällt ganz schnell auf, mit welchen Ideen und

Teilnahmebedingungen du die größte Menge an Teilnehmern erhältst.

Kommen wir zum perfekten Foto auf Instagram. Damit du dir wirklich eine Fangemeinschaft aufbaust brauchst du Grundwissen rund um ein erfolgreiches Bild. Denn nur mit den richtigen Bildern wirst du hier etwas erreichen können und gewinnst nicht nur Fans, sondern hältst sie auch. Hierfür musst du übrigens kein Fotograf sein oder die Fotografie studieren – lediglich einige Grundregeln sind zu beachten, damit es klappt.

Hier findest du eine Zusammenfassung für perfekte Bilder:

- ✓ Schneide Bilder quadratisch zu. Landschaftsbilder kommen horizontal allerdings besser an.
- ✓ Wenn möglich: Keinen Filter verwenden!
- ✓ Hellere Bilder sind bessere als dunkle Bilder
- ✓ Suche nicht nach Motiven, sondern mache spontan im Businessalltag welche
- ✓ Natürliches Licht ist besser als künstliches Licht, da sonst ein Gelbstich möglich ist
- ✓ Stelle das Produkt in den Vordergrund und richte damit den Fokus auf das Produkt

- ✓ Wechsle auch mal die Perspektive für eindrucksvolle Bilder

Grundsätzlich sind Bilder mit Gesichtern beliebter und kommen besser an als solche, die keine Gesichter beinhalten. Achte dabei aber immer auf die Bildrechte, da es nur wenige lizenzfreie Bilder gibt. Daher macht es Sinn, eigene Fotos zu machen und hierbei zu lernen, wie mit Hilfe von Fotoapps, natürlichem Licht und der richtigen Perspektive besondere Bilder gestaltet werden können. Die besten Bilder sind übrigens nicht langweilig oder gleichförmig, sondern weisen ganz klare Ecken und Kanten auf. Experimentiere hier am besten, schau dir deine Mitbewerber an und achte darauf, was am besten bei deinen Fans ankommt. Dadurch wirst du schnell feststellen, wie erfolgreiche Instagram-Bilder von deinen Produkten oder von deinem Business möglich sind.

Der Aufbau einer Fangemeinde:

- ✓ Nutze die Möglichkeit, mit deinen Followern zu interagieren

- ✓ Qualität geht über Quantität – 3 bis 4 mal pro Woche solltest du aber mindestens posten, um etwas zu bewirken – besser sogar einmal täglich

- ✓ Arbeite mit Reposts und Shoutouts, kommentiere und like die Inhalte und gib Call to Actions an deine Fans, wie zum Beispiel „speichere dir diesen Post mit dem Button rechts unter dem Bild". Es wirkt sich immer positiv aus, wenn es viele gespeicherte Beiträge von deinem Account gibt

- ✓ Lade hochwertige Bilder mit ansprechenden Motiven hoch
- ✓ Vergiss den Text unter deinen Posts nicht und gestalte diesen ansprechend
- ✓ Beziehe die User in deinen Posts mit ein
- ✓ Baue dir durch den Splittest deine Fangemeinde weiter aus
- ✓ Beschäftige dich mit der Engagement Rate und steigere diese
- ✓ Verwende verschiedene Contests mit spannenden Aufgaben und Gewinnen
- ✓ Neben Bildern, Videos und der IGTV-Video Funktion (Videos mit einer Länge von mehr als 59 Sekunden) unbedingt die Storys nutzen. Dort kannst du mit neuen Features, Umfragen oder Gewinnspielen viel erreichen und wirst deine Sichtbarkeit erhöhen
- ✓ Greife bei den Instastorys auch deine schon bestehenden Posts auf und bewerbe sie so zu-

sätzlich. Dadurch erhältst du rückwirkend noch Likes und Kommentare und erreichst viele Personen, die den Post beim ersten Mal nicht gesehen haben.

Immer wieder ist auch die Rede davon, andere Nutzer in eigenen Beiträgen zu markieren. Das ist durchaus sinnvoll, sollte aber mit Vorsicht umgesetzt werden, damit keine negativen Folgen entstehen. So ist es wichtig, wirklich nur Influencer und Profile zu markieren, also zu taggen, die für den Beitrag wichtig sind. Sonst wird deine Markierung schnell als Spam verstanden, was dir definitiv keine Vorteile auf Instagram einbringen wird.

Wann sollte markiert (getaggt) werden? Wenn:

- du den Inhalt eines anderen Profils postest (weise unbedingt auf den Urheber des Beitrags hin!)
- du einen Tipp oder Hinweis ausführst und darauf hinweisen willst
- es sich um Partner, Kunden, Mitarbeiter oder Fans deiner Marke handelt

Nutze außerdem die Live-Funktion bei Instagram! Deine Follower erhalten eine Benachrichtigung, wenn du Live gehst – so bekommst du noch mehr Aufmerksamkeit. Das Live-Video kann bis zu 24 Stunden gespeichert werden, sofern man es möchte. Das ist sehr zu empfehlen, da viele Zuschauer den Beitrag erst im Anschluss als Replay sehen werden. Ohne die Speicherung verlierst du die Chance, dass der Beitrag noch im Nachhinein gesehen wird.

Eine weitere Option wäre es zudem, zusammen mit einem anderen Nutzer Live zu gehen. Dafür wird eine Anfrage gestellt und wenn der andere annimmt, erscheint beim Live-Video ein geteilter Bildschirm. Durch diese Option kannst du nicht nur wirklich spannende Inhalte liefern, sondern auch die Zahl der potenziellen Zuschauer erweitern. Schließlich erhalten die Follower von beiden Teilnehmern am Live-Video eine entsprechende Benachrichtigung.

Gerade das Engagement mit den Fans sollte nicht unterschätzt oder vernachlässigt werden. Hier lohnt es sich, Zeit zu investieren und mit einigen neuen Tipps und Tricks noch schneller voranzukommen. Folgende Hacks unterstützen dich bei deiner Interaktion mit den Fans und helfen dabei, dir dauerhaft zu einer Fangemeinde zu verhelfen:

1. Nutze Trends

Wenn der Hashtag zu aktuellen Trends wie zum Beispiel zu Weihnachten, Karneval oder Sportereignissen passt, pusht Instagram Videos, die dazu gepostet werden. Wenn möglich, macht es Sinn, solche Trends zu nutzen. Zu aktuellen Trends gehören alle Ereignisse, die Nutzer auf Instagram bewegen. Hashtags, wie „wirbleibenzuhause“, kommen dann genauso zum Einsatz wie spezielle Ereignisse, die in diesem Moment bewegen. Weitere Trends und aktuelle Tipps findest du im Kapitel „Features“ in diesem Buch. Ein kleiner Tipp: Schaue regelmäßig beim Erstellen von Posts und Storys in die Neuerungen und prüfe auf der Startseite die aktuellsten Trends, um keinen zu verpassen.

2. Story Hacks für mehr Sichtbarkeit

Wenn du deine Story sichtbarer machen willst, kannst du in die Notizen dazu passende Hashtags schreiben, diese auf klein stellen und mit in deine Story integrieren. Dadurch finden alle User, die nach den jeweiligen Hashtags suchen, deine Story, sodass die Sichtbarkeit deutlich größer ausfällt. Die Anzahl der Storys ist ebenfalls wichtig. Vier bis fünf pro Tag sind ein guter Wert, da es nicht zu viele sein sollten, die sich ansonsten niemand mehr ansieht.

Eine weitere Möglichkeit ist auch die Nennung von anderen Nutzern und nicht nur von Hashtags an sich. Bei der Erwähnung im Bild kannst du diese Nennung kleiner machen oder farblich so einstellen, dass sie mit dem Bildhintergrund verschmilzt. Dadurch sieht es noch immer sehr gut aus und man erreicht mehr User. Außerdem kann die benannte Person deinen Post reposten und somit dich wieder erwähnen. Nutze ruhig mehrere Hashtags, neueste Features und die Erwähnung der anderen Nutzer, um eine größere Reichweite zu erhalten.

Beim Standort gibt es ebenfalls Tricks, die du nutzen solltest. Ein ganz klassischer Fehler ist es, den bekanntesten Standort auszuwählen, den Instagram als erstes vorschlägt. Viel besser ist es aber, einen kleinen Standort zu nutzen. Eine gute Möglichkeit sind hier einzelne Straßen anstelle der ganzen Stadt. Der Vorteil bei diesem Vorgehen ist, dass der Beitrag auch in der darüberliegenden Standortgruppe, also bei dem größeren Standort angezeigt wird.

Ein Beispiel:

Wenn du als aktuellen Standort den Friseur angibst, bei dem du gerade sitzt und auf deinen Haarschnitt wartest, wird dieser Beitrag auch in der dazu passenden Straße, in der Stadt sowie im Ort angezeigt.

Es ist tatsächlich sehr wichtig, den Standort anzugeben und nicht auszulassen. Statistiken wie Social Report zeigen, dass ein Post mit Standort eine um 79 Prozent höhere Interaktionsrate vorweisen kann als ein Post ohne die Angabe des Standorts!

Tipp: Nutze die Suchfunktion bei Google Trends, um zu erfahren, nach welchen Orten gesucht wird. Jetzt gibst du einen Standort ein, der sich im Umkreis von deinem aktuellen Standort befindet. Wichtig ist, dass es sich um Standorte bei dir in der Nähe handelt, die stark gefragt sind und oft verwendet werden. Dadurch kannst du deine Angabe zum Standort aufwerten, da bei der Angabe deines aktuellen Standortes sicherlich weniger positive Ergebnisse zu erwarten sind.

Wenn du in Bochum sitzt, solltest du also nicht New York angeben. Bekannte Bauwerke und Orte in deiner Umgebung, die du über Google Trends und die Suchfunktion nach Standorten findest, können deine Reichweite deutlich erhöhen!

Eine weitere Funktion, die du bei den Storys nutzen kannst, ist beispielsweise die „Gestalten-Funktion“, die perfekt für die ganz unkreativen Tage ist. Du möchtest eine Story teilen, hast aber noch keine gute Idee? Dann kannst du mit dieser Funktion verschiedene Optionen auswählen, zu denen der Quiz-Sticker oder die Umfrage mit vielen Vorschlägen gehören.

Hier kannst du außerdem die Erinnerungen auswählen, bei der du ein Bild aus deiner Vergangenheit, was bereits schon mal gepostet wurde, teilen kannst. Natürlich gibt es die Möglichkeit, hier ein beliebiges Bild auszusuchen, welches dir am besten gefällt. Es ist wichtig, Instagram und den Gedanken dahinter bei allen Funktionen zu verstehen: Es soll immer und jederzeit möglich sein, etwas zu posten. Auch ohne die aktuell tollsten Bildmotive und an unkreativen Tagen.

Achte unbedingt darauf, dass eine Story möglichst authentisch sein sollte. Es geht hier nicht um Perfektion oder um fehlende Ecken und Kanten. Unvollendet wirkende Storys, die spontan gemacht werden, sind sympathisch und kommen viel besser an! Zeige deinen Alltag, werfe einen Blick hinter die Kulissen bei der Arbeit und arbeite schon vorhandene Inhalte auf, damit der Content aus bestehenden Posts weiterverwendet wird. Sehr gut geeignet sind Storys außerdem, wenn du deine Marke und deine Produkte näher vorstellen willst. Was zeichnet die Marke aus, warum ist sie interessant? Hier hast du das passende Format, um all diese und noch viele weitere Fragen zu beantworten!

Sehr hilfreich ist es, wenn du bei einer Story versucht, Möglichkeiten zur Interaktion einzubauen. Stelle Fragen, nutze ein Quiz oder baue Emojis ein, die über einen Slider ausgewählt werden. Hauptsache du gibst den Nutzern die Chance, sich zu äußern und zu reagieren! Die Interaktionen werden übrigens im Chat angezeigt und laden dazu ein, mit den Nutzern zu schreiben und dafür den Chat zu nutzen. Wichtig ist hier das Verständnis des Ziels, welches Instagram verfolgt:

Nutzer sollen möglichst viel Zeit auf der Plattform verbringen! Durch eine stärkere Nutzung des Chats sowie durch eine entsprechende Interaktion lässt sich dieses Ziel problemlos erfüllen.

Engagement Hack

Eine gute Möglichkeit ist es, Videos im Newsfeed zu posten und im nächsten Schritt in einer Story diesen Post zu erwähnen. Du kannst deiner Community sagen, dass du in einer bestimmten Zeit zur Beantwortung von möglichen Fragen zur Verfügung stehst. Natürlich besteht auch die Möglichkeit, anstatt der Nutzung einer Story, oder im Kommentarfeld, direkt live zu gehen und die Fragen zu beantworten. Wenn du Instagram gleichzeitig auf dem PC und dem Handy nutzt, kannst du live gehen und gleichzeitig die Kommentare auf dem PC sehen und darauf eingehen.

Ein kleiner Tipp am Rande: Nicht nur bei der Live-Funktion können deine Follower eine Benachrichtigung erhalten, sondern nach Wunsch auch bei normalen Posts, Storys oder IGTV. Das muss allerdings extra unter „Beitragsbenachrichtigung aktivieren" eingestellt werden, was sicherlich nur dann umgesetzt wird, wenn die Zufriedenheit oder das Interesse bei deinem Content besonders groß sind. Du kannst deine Fans aber ruhig auf die Möglichkeit hinweisen, dass diese Option besteht, Benachrichtigungen einzustellen.

Eine andere Möglichkeit ist es noch, mit befreundeten Influencern Gruppen (z.B. auch über Facebook) zu bilden. Dann kann nach der Erwähnung deines neuen Posts jeder in der Gruppe diesen Post liken, teilen und kommentieren. Hier ist es sinnvoll, eine Vereinbarung zu treffen, an die alle Gruppenmitglieder sich halten sollen. Schließlich profitieren dann alle davon.

Features: Brandaktuelle Funktionen für mehr Sichtbarkeit

Zuvor hast du bereits mehrfach von den Features, also von den neuesten Funktionen von Instagram gelesen, die für mehr Reichweite sorgen. Jetzt gibt es mehrere brandaktuelle Features, die du für dich nutzen kannst, damit du auf einfache Weise noch mehr Follower bekommst. Außerdem kannst du so das Maximum aus jedem Post herausholen und deine Beiträge werden von Instagram stärker nach oben befördert, wenn es um die Sichtbarkeit geht. Anders gesagt, lenkst du durch die Verwendung der Features mehr Besucher auf deine Seite und bekommst die Möglichkeit, auf ganz einfache Weise mehr Follower zu erhalten.

Bevor es zu den Features geht ist es hier noch wichtig, die Gedanken dahinter zu verstehen. Instagram baut das eigene Angebot immer weiter aus und will die Nutzer ansprechen, damit sie die Plattform möglichst oft nutzen und damit sie möglichst oft posten. Aus diesem Grund werden Beiträge, bei denen die allerneuesten Features verwendet werden, besonders stark gepusht. Das bedeutet für dich: Eine bessere und einfachere Ansprache der Zielgruppe und eine hohe Sichtbarkeit.

Wenn du eine neue Story erstellst und ein Bild aussuchst, klickst du den Bereich oben im Bild an und bekommst eine Anzeige der Features. Dort siehst du direkt mehrere Auswahlmöglichkeiten. Da es keine Reihenfolge hinsichtlich der aktuellsten oder neuesten Features gibt, lohnt es sich hier, regelmäßig zu schauen und zu überprüfen, ob vielleicht ein weiterer Button mit dazugekommen ist. Bei Drucklegung dieses Buches ist die Möglichkeit „Unterstütze kleine Unternehmen", die aktuellste Option, direkt gefolgt von „Wir bleiben Zuhause". Hierbei siehst du, dass aktuelle Trends und das Weltgeschehen hier ebenfalls eine große Rolle spielt. Verschiedene Sticker und Buttons runden die Möglichkeiten hier ab.

Nur ein Beispiel für die aktuelle Umsetzung könnte der Post im Haus sein. Vielleicht beim Sport, beim Essen oder Kochen oder bei einer anderen Aktivität. Dort baust du „Wir bleiben Zuhause" ein und wirst direkt eine größere Reichweite erhalten, die du sinnvoll nutzen kannst, um mehr Follower zu erhalten.

Instagram hilft dir somit auch an eher „faulen" Tagen dabei, immer noch ansprechende Posts zu veröffentlichen. Gerade bei den Storys findest du, wie hier beschrieben, viele neue und passende Features, die sich sehr gut in deine Posts einbauen lassen.

Tipp: Nicht alle Nutzer wollen (oder können) sich die Story mit Ton anhören, sodass ein Text unten im Bild bevorzugt gelesen wird. Beachte hier, dass Handys lautlos gestellt werden, weil Nutzer die Storys auf der Arbeit, im Zug oder generell unterwegs ansehen.

Du hast keine Lust, den Text zum Lesen mühsam einzutippen? Dann nutze einfach die Sprachsteuerung! Mikro drücken, einsprechen, kurz anpassen und schon hast du blitzschnell einen Text für alle Nutzer eingefügt, die den Ton nicht hören

Werbung? Aber bitte mit effektiven Werbeanzeigen!

Ja, Werbung ist bei Instagram ebenfalls möglich. Ehrlich gesagt bietet die Werbung sogar einige besondere Vorteile, die für diesen Kanal und eben nicht für einen anderen sprechen. Denn hier sind die Kosten noch immer gering und du kannst mit einem geringen Budget viel erreichen. Damit du Werbeanzeigen richtig schaltest und möglichst viel erreichst, solltest du aber einige Grundregeln beachten, mit denen du es leichter haben wirst.

Zunächst einmal musst du dein Profil zu einem Business Account machen, damit du Beiträge promoten kannst. Im nächsten Schritt hast du die Möglichkeit, auf den Werbebutton zu klicken, und kannst damit beginnen, Anzeigen zu erstellen. Gebe bei der Einstellung an, dass du mehr Profilbesuche haben möchtest, und stelle deine Nische ein. Es ist nie gut, alles auf automatisch einzustellen, da du auf diese Weise deine Zielgruppe nicht unbedingt direkt ansprichst.

Eine der vielleicht wichtigsten Grundregeln für gute Werbeanzeigen ist, dass diese visuell gestaltet sein sollten. Das Bild macht hier also den Großteil des Ganzen aus und entscheidet ganz klar mit über die Wirkung, die deine Anzeige erzielen kann. Im Gegensatz zu Facebook sind die Anzeigen bei Instagram günstig, und da immer mehr Menschen die Plattform nutzen, lohnt sich die Werbeanzeige noch. Beachte, dass du Beiträge nur über Instagram bewerben und deine Storys ebenfalls für die Werbung nutzen kannst.

Darüber hinaus macht es Sinn, beim Werbeanzeigenmanager oder Powereditor von Facebook die Werbung zu gestalten. Der Grund dafür ist, dass die Angaben genauer und viel spezifischer sind, als wenn du die Anzeige direkt bei Instagram einstellst. Verknüpfe in jedem Fall Facebook und Instagram miteinander und speichere dir Anzeigen ab, damit diese in Zukunft ohne zusätzlichen Arbeitsaufwand noch einmal verwendbar sind. In diesem Fall solltest du eine Traffic Kampagne auswählen, da diese nur an die Instagram Storys gerichtet ist. Du erhältst bei dieser Vorgehensweise passende Vorschläge für deine Zielgruppe. Achte hier darauf, dass du besser kleinere Magazine oder kleinere bekannte Leute nutzt, damit du am besten in die gewünschten Nischen kommst. Der Werbeanzeigenmanager kann hier tatsächlich eine große Hilfe sein.

Bei Anzeigen sollten bestimmte Punkte immer festgelegt werden. Eine Kampagne ist zum Beispiel dafür da, das zu erreichende Ziel festzulegen. Der Schwerpunkt kann hier auf dem Traffic oder auf der Conversion Rate liegen. Unter Traffic werden die Besucherströme verstanden, also die Anzahl der User, die deine Anzeige sehen und deinen Account oder deine Seite aus diesem Grund besuchen. Hiermit sind erst einmal nur Klicks, also Besucher, gemeint, das heißt, noch keine Käufe, sondern vielmehr die Wirkung, die eine Werbeanzeige erreichen kann. Mit der Conversion Rate ist die Umwandlung von Interessenten in Käufer oder Abonnenten gemeint. Anders gesagt geht es hier um die Rate der Umwandlung, also um die Anzahl der Besucher einer Seite oder eines Kanals, die eine Aktion ausführen. Käufe sind hier noch nicht das Thema; wenn aus Interessenten Follower werden, ist bei Instagram sicherlich ein Ziel erreicht.

Die Werbeanzeige ist dann das, was der User und der Kunde am Ende tatsächlich sieht. Aber die Anzeigengruppe ist ebenfalls von Bedeutung, da hier festgelegt wird, wer die Anzeige wirklich sieht. Auf diese Weise kannst du Anzeigen auch wesentlich gezielter schalten. Wenn du zum Beispiel eine Anzeige für Taschen schalten willst, die Frauen kaufen, welche Eleganz lieben, solltest du hier auch die Zielgruppe entsprechend einstellen. Dadurch wirbst du gezielter und sprichst direkt die passenden User an.

Die Gestaltung der Anzeige an sich unterliegt ebenfalls verschiedenen Kriterien, die nicht zu unterschätzen sind. Achte darauf, dass du ein Angebot immer genau definierst und von Anfang an festlegst, was das Ziel ist. Hierfür spielt eine Rolle, woher die Menschen kommen und welches Interesse sie haben. Dann legst du die Botschaft der Anzeige genau fest. Überlege dafür, was in Form eines Bildes mit dem dazugehörigen Text vermittelt werden soll. Der wohl wichtigste Aspekt einer Werbeanzeige ist aber das Angebot, welches ansprechen und zum Kauf bewegen soll. Hier könntest du beispielsweise mit einem Rabatt von 10 Prozent werben, die nur heute gelten.

An einem Beispiel wird das Vorgehen noch ein wenig klarer. Nutze beispielsweise ein Bild in Sommersachen mit einer tollen Tasche. Damit verfolgst du das Ziel, Frauen zu erreichen, die auch Taschen lieben. Jetzt wählst du eine Botschaft, die du zusammen mit dem Bild veröffentlichst. Hier könntest du sagen: „Bald kommt der Sommer! Tagge jemanden und erhalte einen Rabatt von 30 Euro auf den nächsten Einkauf." Die Botschaft hier ist klar und besagt, dass der Sommer bald kommt und eine neue Tasche für den Look gebraucht wird. Genau jetzt kannst du beim Einkauf noch 30 Euro sparen. Die genaue Botschaft, das Bild und das Angebot hängen natürlich davon ab, welches Produkt du bewerben willst und wer überhaupt deine Zielgruppe ausmacht.

Gearbeitet wird hier immer mit dem visuellen Storytelling, da das Bild tatsächlich 90 Prozent der Bedeutung der gesamten Anzeige ausmacht. Du erzählst quasi eine Geschichte über ein Bild, vermittelst sie ohne Text und sorgst dafür, dass deine Zielgruppe viele Informationen aufnimmt, ohne dafür ewig lesen zu müssen. Du brauchst unbedingt ein starkes Bild in der empfohlenen Größe, mit dem du auf dich aufmerksam machst. Außerdem muss das Angebot immer direkt im Bild sichtbar und vorhanden sein, damit die Anzeige nicht gelesen werden muss. Zeige dem User so bildlich wie möglich, was du bietest und dass genau du sein Problem lösen kannst. Tatsächlich gilt hier, dass es umso besser ist, je weniger Text du zur Vermittlung benötigst. Maximal 20 Prozent Text sollten hier genutzt werden, damit du die Anzeige nicht mit zu viel Text belastest.

Achte bei der Erstellung von Werbeanzeigen auf die Reihenfolge, in der einzelne Informationen wahrgenommen werden. Zuerst einmal wird das Bild wahrgenommen, dann die Überschrift und erst ganz zum Schluss der Text. Daher macht eine kurze, prägnante Erklärung oder Beschreibung mit den richtigen Hashtags am meisten Sinn. Jeder Nutzer soll das Angebot direkt erkennen können, ohne lange zu überlegen und ohne verwirrt zu sein. Dafür solltest du dein Angebot nicht nur im Text, sondern auch im Bild darstellen. Dadurch erhältst du die beste Resonanz und kannst dich schon bald über sehr gute Ergebnisse freuen.

Du fragst dich jetzt, wie du das am besten umsetzt und was alles bei einer bezahlten Werbeanzeige zu beachten ist? Mit dem folgenden Beispiel erfährst du, wie du gerade die Storys sinnvoll nutzen kannst. Aktuell gibt es keine günstigere Werbemaßnahme, als Werbeanzeigen in der Story zu verwenden. Mit dieser Methode kannst du dir für wenig Geld zweifelsfrei eine größere Fangemeinde aufbauen.

Du schaltest also beim Werbeanzeigenmanager eine Anzeige, die nur in deiner Story und nicht in deinem News-Feed angezeigt wird. Gehe einmal davon aus, dass eine Anzeige gut bewertet werden kann und erfolgreich ist, wenn die Anzeige 1.000 mal gesehen wird und dir davon 500 Nutzer folgen.

Einmal angenommen, du stellst auf deinem Profil jeden Tag Motivations- und Sporttipps vor. Nutze für deine Anzeige ein ansprechendes und zu deinem Profil passendes Bild und gebe dann eine Aussage, ein Werbeversprechen ab. Im gleich folgenden Beispiel ist es „Daily Inspiration & Motivation". Der Nutzer kann sich also auf tägliche Inspiration und Motivation freuen, und das ist auch der Grund, warum er dir folgen sollte.

Wichtig ist, dass du einen kurzen, ansprechenden Text sowie ein gutes Bild nutzt, welches für deine Zielgruppe interessant ist. Es geht somit darum, dass dir Nutzer folgen sollen, die auf der Suche nach mehr Motivation und Inspiration sind. Nach dieser Aussage muss unbedingt eine Handlungsaufforderung an den

Nutzer, also ein Call to Action, folgen, wie zum Beispiel „Follow“.

Du musst daher kurz und prägnant eine Botschaft vermitteln, die den Nutzer anspricht und begeistert. Ganz wichtig wäre dann aber noch, dass die Versprechen auch gehalten werden, da in deinem Profil beim genannten Beispiel auch gute Motivationstipps vorhanden sein müssen. Überlege dir daher ganz genau, was zu dir passt und welche Aussage auf dein Profil und auf deine Posts zutrifft. Nur wenn die Versprechen aus der Anzeige eingehalten werden, wirst du neue Fans gewinnen, die du nicht nach zwei Tagen wieder verlierst.

Hier ein Beispiel für eine solche Werbeanzeige:

DAILY INSPIRATION
& MOTIVATION
SWIP UP - FOLLOW

Eine weitere effektive Möglichkeit ist es, mit einem Giveaway, also mit einem Geschenk, in der Anzeige weitere Follower zu locken. In diesem Fall gestaltest du eine Anzeige mit einem Bild des Geschenks, welches du unter allen neuen Followern verlosen wirst. Damit diese Methode richtig funktioniert und du diese Anzeige nicht ohne Effekt platzierst, solltest du einige Grundregeln bei der Gestaltung beachten:

- Mache ein ansprechendes Bild von deinem Geschenk zur Anzeige – am besten erwähnst du noch den Wert von deinem Geschenk
- Schreibe darunter, was die User machen müssen, um an der Verlosung teilzunehmen. Gute Beispiele dafür sind die Markierung von 2 Personen, einen Kommentar und die Bedingung, dass der Nutzer dem Account von XX folgen muss. Hier können auch mehrere Accounts aufgeführt werden.
- Wichtig ist, dass du den Usern zeigst, was sie tun müssen und dass sie eine Anleitung mit einzelnen Schritten haben

Ein Beispiel für eine solche Aktion:

Das Vorgehen bei einer solchen Aktion ähnelt damit sehr stark einem Gewinnspiel oder einem Contest, über die du in den letzten Kapiteln schon mehr erfahren hast. Nur verwendest du hier eine bezahlte Werbeanzeige für den gleichen Effekt und wirst damit mit einer geringen Einsatzsumme eine sehr viel größere Reichweite erzielen.

Und so geht es:

Nach der Erstellung von deinem Post findest du rechts unter dem Bild einen blauen Button „hervorheben". Wenn du diesen Button anklickst, kannst du mit einem Euro Einsatz, deinen Post an ca. 100 Nutzer ausspielen. Für diese Methode wählst du eine Zielgruppe sowie die Laufzeit aus, die angibt, wie lange der Post beworben werden soll. Wichtig ist hier, deine Zielgruppe so auszuwählen, dass sie zu deinem Post passt. Dann gibst du beim auszuwählenden Ziel der Kampagne „dein Profil“ an und kannst danach deine Zielgruppe genauer bestimmen.

Viele Influencer nutzen die Methode, etwas Begehrtes zu verlosen, und schaffen es so mit einem recht geringen finanziellen Einsatz, mehrere hundert neue Follower am Tag zu gewinnen. In Kombination mit Affiliate Links in der Bio und mit der Vorstellung von anderen Produkten, für die es ebenfalls Geld beim Angebot gibt, entsteht schnell ein profitabler Kanal mit Tausenden von Followern. Fakt ist allerdings, dass du den Nutzern etwas bieten musst, damit sie sich an dich wenden und dir wirklich folgen.

Die Elemente der Werbeanzeige in Kurzform:

- ✓ Definition der Zielgruppe
- ✓ Die klare Botschaft in einem ansprechenden Bild
- ✓ Die prägnante Postbeschreibung in Textform
- ✓ Das Angebot in Bild- und Textform für eine bessere Ansprache
- ✓ Der Nutzen für den User
- ✓ Das Angebot (der Nutzen)
- ✓ Gewinnspiele und Geschenke funktionieren bei Anzeigen ebenfalls sehr gut
- ✓ Call to Action: Was muss der Nutzer jetzt machen?
- ✓ Die günstigsten Anzeigen-Varianten sind eine Werbeanzeige in der Story oder das „Hervorheben“ eines Posts aus dem „Newsfeed“

Instagram Marketing 2021: So kollaborierst du mit anderen Influencern

Eine Kollaboration, also eine Zusammenarbeit mit anderen Influencern, wird auch im Jahr 2021 als eine der wichtigsten Strategien bei Instagram angesehen. Zumindest wenn es darum geht, die eigene Reichweite noch mehr zu vergrößern und mehr über die Plattform zu erreichen. Doch ist es zu wenig bekannt, wie andere Influencer überhaupt kontaktiert und dann auch zu einer Zusammenarbeit bewegt werden können. Mit der richtigen Herangehensweise wirst du aber in kurzer Zeit Erfolge erzielen können, indem du es schaffst, mit den passenden Influencern zusammenzuarbeiten und dadurch die Zahl deiner Follower deutlich zu steigern. Oft werden hier User auf dich aufmerksam, die dich und deinen Kanal zuvor noch gar nicht gesehen haben.

Beachte bei der Kollaboration mit anderen Influencern auch, dass die Zahl der Follower hier wirklich nicht über das mögliche Ergebnis bestimmt. Nur die wenigsten Influencer haben mehr als eine halbe Million Follower. Ist das der Fall, sind sie in der Regel ohnehin kaum bezahlbar und es ist davon auszugehen, dass recht viele Follower nicht echt sind. Außerdem wird sich deine Konkurrenz ebenfalls für die Influencer mit so hohen Zahlen interessieren. Vielleicht sind sogar schon einige Kooperationen abgeschlossen worden. Deshalb macht es mehr Sinn, sich auf etwas kleinere Influencer zu konzentrieren.Gut eignen sich dabei die Micro-Influencer mit Followern zwischen 5.000 und 100.000 Followern.

Bei einer Zusammenarbeit ist die direkte, persönliche Ansprache sehr wünschenswert. Doch zeige den Influencern am besten erst einmal, dass du dich für sie und ihre Inhalte interessierst. Teile dafür Inhalte, like sie, kommentiere und schreibe dann eine E-Mail, die immer individuell formuliert sein sollte. Sehr gut funktionieren zum Beispiel Dinge wie die Darstellung als Start up ohne sehr großes Werbebudget und das Angebot von Produktproben. Bei interessanten Produktproben und der richtigen Ansprache funktioniert das erfahrungsgemäß in vielen Fällen.

Es gibt einige Dinge, die du vor dem Beginn der Zusammenarbeit mit einem Influencer genau besprechen solltest, damit im Anschluss alles reibungslos funktioniert. Bespreche zum Beispiel die Art und das Ziel der jeweiligen Kampagne, lege Hashtags fest und bestimme auch die Anzahl der gewünschten Posts. Der Zeitpunkt für den Post, die Sichtbarkeit und die Handlung sind ebenfalls festzulegen. So kann der Influencer zum Beispiel auf deinen Account verweisen oder über den eigenen Account einen Link mit einer Aufforderung zum Handeln setzen. Bevor es dann losgeht, sollte noch überprüft werden, ob alle wichtigen Informationen und Materialien vorliegen, damit die passenden Bedingungen für die Zusammenarbeit gegeben sind.

Vielleicht fragst du dich jetzt, wie überhaupt die Interaktionsraten der Influencer auf Instagram betrachtet werden können. Dafür gibt es noch immer keine genauen Werte, sodass hier eher Schätzwerte vorliegen. Eindrücke kannst du dir zum Beispiel unter influencerdb.net verschaffen. Doch die Zahl der Follower, die Kommentare und viele weitere Faktoren helfen dir ebenfalls dabei, einen Eindruck zu bekommen und zu entscheiden, ob die Zusammenarbeit hier lohnend wäre.

Fest steht, dass du alleine und ohne jede Zusammenarbeit auf Dauer auf dieser Plattform wohl eher nicht so weit kommen wirst. Früher oder später bietet es sich immer an, hier Zeit und vielleicht auch Geld zu investieren und nicht weiter alleine vorzugehen. Nach jeder Aktion oder Kampagne, die zusammen mit Influencern durchgeführt wird, lassen sich schließlich die Ergebnisse erkennen. Hier sind neue Follower genau wie mögliche Käufe sichtbar und von Interesse. Mit der Zeit stellt sich dann auch heraus, bei welchen Partnern die Zusammenarbeit wirklich viel bringt und wann es eher ein Flop und nicht zu wiederholen ist.

Hast du dir schon einmal überlegt, warum die Zusammenarbeit mit anderen Influencern oder die Tätigkeit als solcher immer wichtiger werden? Einige Daten und Fakten zeigen ziemlich schnell, warum hier ein echter Geschäftsbereich wächst und in Zukunft noch mehr Bedeutung annehmen wird. Schon im Jahr 2019 ist die Branche beim Influencer-Marketing auf Instagram um 48 Prozent gewachsen. Ein Ende dieser Entwicklung ist noch nicht in Sicht. Aktuell sind den Zahlen zufolge 84 Prozent aller Influencer weiblich, sodass gerade für die Männer Nachholpotenzial besteht. Schließlich gibt es viele Produkte und Unternehmen, die aufgrund ihrer Zielgruppe Männer als Influencer suchen!

Tipp: Setze auf Nano-Influencer! Dabei handelt es sich um Nutzer mit 1.000 bis 5.000 Followern, die über authentische Profile und sehr hohe Interaktionsraten verfügen. Diese bieten Erfahrungen zufolge einen besonders hohen Mehrwert, günstige Konditionen und sind auch sehr viel zugänglicher. Es ist schwer, mit den ganz berühmten Influencern zusammenzuarbeiten. Nano-Influencer sprechen oft Nischen, also ganz genau festgelegte Zielgruppen an. Durch die einfache Zusammenarbeit und die günstigen Kosten stellen sie damit eine tolle Möglichkeit für eine Kooperation dar.

Merke: Es müssen keine Berühmtheiten sein, damit du mit Instagram weiterkommst. Natürlich gilt das auch für dich selbst: Eine hohe Interaktionsrate, ein authentischeres Auftreten und eine umgängliche Art können hier schon viel bewirken.

So monetarisierst du deinen Kanal

Hast du dir schon einmal überlegt, wie praktisch es wäre, wenn du deinen Kanal monetarisieren könntest? Bisher wurde von vielen vermutet, dass so etwas vor allem mit YouTube machbar oder den extrem bekannten Influencern vorbehalten ist.

Dabei sind die Einstiegsmöglichkeiten mit dem richtigen Hintergrundwissen viel besser, als du im ersten Moment vielleicht denkst. Aus diesem Grund findest du an dieser Stelle einige praktische und leicht umsetzbare Ideen, die dir dabei helfen, mit deinem eigenen Kanal Geld zu machen. Im Wesentlichen gibt es drei wichtige Möglichkeiten, mit denen du erst einmal arbeiten kannst:

1. **Affiliate Marketing**

Hier klicken die Follower einen Link an und bei der Bestellung gibt es eine Provision, die sich je nach Reichweite und Content schnell summiert. Partnerprogramme von Amazon, Zalando, Digistore24 oder Udemy sind nur einige Optionen, die zur Verfügung stehen.

Diese waren früher wohl vor allem bei Blogposts und auf Webseiten bekannt, dabei funktioniert das System auf Instagram ebenfalls sehr gut.

Vielleicht fragst du dich jetzt, wann genau diese Form des Marketings Sinn macht und welche Möglichkeiten sich daraus ergeben. Einmal angenommen, du postest über gesunde Ernährung und stellst nicht nur deine leckeren Ergebnisse vor, sondern zeigst deinen Fans die Rezepte. Dann könntest du hier spezielle Zutaten zum Beispiel mit einem Affiliate Link versehen. Hier klicken tatsächlich mehr User auf die Links und kaufen im Anschluss häufiger, als oft angenommen wird. Heutzutage reicht Affiliate Marketing vielleicht nicht mehr alleine aus, um wirklich etwas zu erreichen. Doch je nach Inhalt deiner Posts lohnt es sich, mit dieser Option zu arbeiten und sich so nach und nach einen stabilen Nebenverdienst dazuzuverdienen. Da die Unternehmen dir nur etwas bezahlen, wenn wirklich Produkte gekauft werden, kannst du auch in der Anfangsphase deiner Tätigkeit schon erste Ergebnisse erzielen. Es gibt also keine Mindestreichweite, um mit dieser Form eines Nebenverdienstes etwas zu erreichen.

2. Produktplatzierungen

Hier handelt es sich um bezahlte Partnerschaften, bei denen Produkte platziert werden. Diese Form der Monetarisierung und Werbung ist kennzuzeichnen, da dies gesetzlich vorgeschrieben ist. Diese Kennzeichnung ist aber schnell umsetzbar und führt dazu, dass im Anschluss die Platzierungen der Produkte auf den eigenen Account eingebaut werden können.

Die genauen Konditionen bei der Platzierung von Produkten sind hier immer individuell auszuhandeln, da diese je nach Bekanntheitsgrad, Branche und nicht zuletzt Verhandlungsgeschick stark voneinander abweichen können.

Hier können hohe Summen möglich sein, wenn du dich in den dafür passenden Branchen bewegst und eine entsprechende Fangemeinde aufweisen kannst. Es handelt sich auf jeden Fall um eine sehr lohnende Option, wenn du die richtigen Kontakte aufbaust und gut verhandelst. Nicht immer wird Geld als Gegenleistung geboten, manchmal sind es auch Produktproben, die angeboten werden, oder eben Vergünstigungen, die aber auch viel wert sein können.

Wenn du zum Beispiel deinen Account ganz dem Reisen gewidmet und hier eine große Fangemeinde hast, dann kannst du unter anderem an Hotels herantreten und kostenlose Übernachtungen erhalten. Dabei handelt es sich nur um eine Option, durch die aber deutlich wird, dass du nicht immer mit Geld bezahlt werden musst.

Durch den ein oder anderen Post mit der Erwähnung von deinem Aufenthalt in einem bestimmten Hotel kannst du dir dann Urlaube finanzieren oder übernachtest in Hotels, die sonst nicht wirklich in dein Budget passen würden.

3. Network Marketing

Beim Network Marketing besteht die Möglichkeit, sich eine passende Partnerfirma herauszusuchen, die als Gegenleistung zu empfohlenen Produkten, welche gekauft werden, eine Provision bezahlt. Der Grundgedanke entspricht dem Affiliate Marketing, doch es gibt einen wichtigen Unterschied: Du kannst dir hier noch einen eigenen Vertrieb mit aufbauen. Das lohnt sich bei entsprechender Umsetzung ganz besonders, da du dir ein wertvolles Netzwerk aufbauen kannst. Am einfachsten ist es, sich auf Seiten wie zum Beispiel www.businessforhome.org eine Partnerfirma zu suchen, denn diese Seiten sind genau für einen solchen Zweck vorhanden. Genau wie bei den Produktplatzierungen sind hier interessante Partnerschaften möglich, die sich für dich schnell lohnen können. Ganz unabhängig von deiner Reichweite kannst du diese Möglichkeit nutzen, da die Partnerfirmen es für jeden möglich machen, an dem Programm teilzunehmen und die Produkte zu empfehlen. Genau wie beim Affiliate Marketing ist hier zu beachten, dass die Wahrscheinlichkeit, die Produkte zu vermarkten und wirklich etwas zu erreichen, mit höherer Reichweite weiter ansteigt.

Das empfohlene Produkt wird von umso mehr Menschen gesehen, je größer die Reichweite ist, wodurch der Umsatz in Form der Provisionen ansteigen wird. Aber es spricht nichts dagegen, die Variante des Network Marketings für Instagram zu nutzen, wenn du noch relativ am Anfang mit deinem Account stehst. Hier wäre noch die Anmerkung wichtig, dass die Firmen bei Produktplatzierungen und bei Festverträgen die vorhandene Reichweite überprüfen. Das liegt mit daran, dass bei der Werbung durch den Influencer immer ein fester Betrag bezahlt werden muss, der vertraglich festgelegt wurde. Dabei ist es nicht wichtig, ob sich die Werbung durch den Influencer lohnt oder ob das eher nicht der Fall ist.

Beim Network Marketing und beim Affiliate Marketing bezahlen die Firmen aber nur Provisionen, wenn die Produkte auch gekauft wurden. Darin besteht der wesentliche Unterschied zwischen den hier vorgestellten Möglichkeiten, um deinen Kanal zu monetarisieren. Das Network Marketing und das Affiliate Marketing stellen damit eine Chance bei jeder Größenordnung des Accounts dar – für Produktplatzierungen brauchst du tatsächlich eine gewisse Reichweite, um wirklich von Interesse für die Firmen zu sein.

Schlusswort

Marketing ist heutzutage ohne soziale Netzwerke nicht mehr denkbar, sodass bereits viele Unternehmen auf den einzelnen Plattformen eingestiegen sind. Der Vorteil bei Instagram sind - ganz klar - große Chancen bei verhältnismäßig geringen Kosten. Vor allem im direkten Vergleich zu anderen Plattformen macht es Sinn, jetzt noch bei Instagram einzusteigen und mit gutem Content und der richtigen Strategie zu überzeugen.

Das gilt sowohl für Unternehmen und Start ups, die neue Kunden erreichen und ihre Bekanntheit erhöhen wollen, als auch für Influencer, die ihren Kanal zu (mehr) Geld machen wollen. Bei beiden Optionen ist es nur wichtig, die richtigen Strategien zu kennen, mit denen der Algorithmus best möglichst für sich zu nutzen. Die Zusammenarbeit mit anderen Usern sowie mit bekannteren Influencern bietet hier noch Möglichkeiten, die Reichweite zu steigern und neue Kunden auf sich selbst aufmerksam zu machen.

Stark unterschätzt werden weiterhin Werbeanzeigen, die mit einem recht geringen Budget große Ergebnisse erzielen können und auf visueller Ebene auf die Nutzer wirken. So oder so sind verschiedene Faktoren für den Erfolg auf Instagram wichtig.

Die Auswahl der Bilder, die Beschreibung von Posts und die Wahl der passenden Hashtags sind hier nur einige Kriterien, die viel bewirken können.

Gerade wenn du alle Schritte beachtest, die geeignete Zielgruppe ansprichst und regelmäßig Content mit deinen Fans teilst, kannst du hier viel erreichen.

Wolltest du schon immer wissen, wie du deine Zielgruppe am besten ansprichst und welche Strategien dir beim Aufbau einer Fangemeinde helfen? Möchtest du wissen, was du für den passenden Content beachten musst und wie du mit wenig Aufwand möglichst große Ergebnisse bei Instagram erhalten kannst? Dann findest du in diesem Buch eine Reihe von Antworten und kannst sofort beginnen, deinen Instagram Account neu zu gestalten oder ab jetzt so vorgehen, dass du schnell bekannter wirst.

Damit du auch in Zukunft immer von den neusten Strategien profitieren kannst, hast du unter nachfolgendem Link die Möglichkeit, dir über Facebook regelmäßig Tipps zu den aktuellsten Instagram-Hacks einzuholen.

Scanne hierzu den QR Code:

Bonus: Verkaufsstarke Textvorlagen

Langweilige Texte, die mit ansprechenden Bildern gepostet werden, sind heute bei Instagram nicht mehr die beste Option, wenn du etwas Verkaufen willst. Es kommt auch nicht auf die Länge der Texte an sich an. Denn selbst eine knackige Headline mit einer Handlungsaufforderung kann viel bewirken. Aber nur, wenn der Text gut gewählt ist und die Zielgruppe begeistert. Wer es wirklich schaffen möchte, durch Instagram Marketing die Reichweite zu erhöhen oder mehr Follower zu erhalten, braucht verkaufsstarke Texte, die begeistern und die dafür sorgen, dass deine Zielgruppe sich mit dir, bzw. deinem Content identifiziert. Um solche Texte geht es in diesem Bonuskapitel!

Instagram hat sich im Laufe der letzten Monate und Jahre immer weiterentwickelt. Gab es früher meistens Posts, bei denen dem Texten nicht viel Aufmerksamkeit gewidmet wurde, so ist das heute anders. Instagram besteht aus verschiedenen Facetten und bietet zahlreiche Features für Posts, für Bilder, Videos und Storys. Das macht Instagram spannend und hält nicht zuletzt die Nutzer bei Laune. Für alle, die Instagram professionell nutzen wollen, ergeben sich dadurch zahlreiche Vorteile in Bezug auf die Darstellung von Produkten und Dienstleistungen.

Beachte dabei, dass bei fast allen dieser Elemente auch Texte mit einfließen können, die dafür sorgen, dass Emotionen angesprochen werden und ein Gefühl erzeugen, dass der Leser unbedingt mehr erfahren will. Schaffst du es, die Texte ebenfalls spannend und ansprechend zu gestalten, kannst du deine Leser oder Zuhörer fesseln und direkt ansprechen. Sind deine Texte hingegen langweilig oder gar nicht vorhanden, verschenkst du viel Potenzial!

Was schaffen spannende Texte, die deine Follower fesseln? Hier findest du einige Beispiele:

- Follower bleiben bei dir und achten auf zukünftige Beiträge
- Die Zahl der Interaktionen steigt
- Post und Videos bekommen mehr Likes und werden stärker geteilt
- Verkäufe werden wahrscheinlicher

Deshalb kommen wir hier zu einigen ganz grundsätzlichen Techniken des Copywritings, durch die du deinen Content direkt deutlich attraktiver machen kannst. Begeistere deine Zielgruppe durch einen größeren Mehrwert und spreche verschiedene Sinne an. Im Idealfall bietest du sogar Textelemente an, die man nicht nur liest, sondern sieht, hört und fühlt.

Durch die Untermalung von Posts und Videos mit ansprechenden Texten sprichst du verschiedene Sinne deiner Zielgruppe an und wirkst auf deine Zielgruppe direkt sympathisch und vertrauenswürdig. Sogar eine größere Kompetenz wird bescheinigt, wenn alle Sinne angesprochen und gute Textelemente eingebaut werden.

Was damit gemeint ist und wie du diese Grundidee am besten umsetzen kannst, erfährst du jetzt. So oder so wollen die Nutzer ihren bevorzugten Sinneskanal am liebsten in ihrer eigenen Sprache nutzen.

Einige Textbeispiele kann man wie gesagt sehen, andere eher hören und wieder andere fühlen. Es kommt immer ganz auf die Ausdrucksweise an – wie du sehen wirst.

Einige praktische Beispiele für Texte, die man sehen kann:

- Achte auf..
- Beobachte..
- Bildlich gesprochen..
- Die dunkle Seite..
- Lass mich dir xy zeigen..
- Sieh dich mal um..
- Sieh dir das an..

- Schaue einmal tief in dich hinein..
- Wie du siehst..
- Du siehst also..
- So wie es aussieht..
- Stell dir vor..

Liest du in einem Post etwas wie: „Sieh dich mal um und betrachte dabei, was gerade angesagt ist“ oder „Bildlich gesprochen erhältst du hier einen Vorteil durch...“, dann kannst du das gemeinte im besten Fall vor dir sehen. Hier werden die Augen als Sinn noch zusätzlich angesprochen, um die Aufmerksamkeit der Leser zu fesseln.

Diese Texte „hört“ man eher:

- Wie klingt das für dich?
- Klingt das geil oder klingt das geil?
- Höre dir das mal an
- Was ich letztens gehört habe..
- Ich kann dich förmlich hören
- Laut und deutlich
- Dein Herz ruft laut ja.. (denn es hat sich bereits entschieden und nun springe auch du)
- Leih mir kurz dein Ohr und ich erzähle dir (nutzen um Storytelling zu beginnen)
- Man hört ja..
- Mir ist zu Ohren gekommen, dass..

- Lasst uns gemeinsam sprechen..
- Ich bin im Einklang mit dir..

Textbeispiele wie „Lasst uns gemeinsam über die Bedeutung von Sport im Alltag sprechen“ oder „Leih mir kurz dein Ohr und ich erzähle dir wie du mit kleinen Veränderungen große Erfolge beim Sport erreichen kannst“ sind eher zu hören. Hier wird der Sinn für Geschichten, für das Storytelling geweckt und die Leser werden im besten Fall mitgerissen. Hier „hört“ man förmlich den Sprecher und will genau wissen, wie alles weitergeht.

Und hier gibt es Texte zum „fühlen“ oder „spüren“:

- Bewegende Momente..
- In Momenten, wie diese spürst du..
- Das versetzt dein Herz in Freude
- Das spannende daran ist..
- Fühlt sich irgendwie x/y(nicht so toll oder geil) an oder?
- Du spürst förmlich, wie du..
- Dein Bauchgefühl sagt dir, dass du.. (vielleicht noch 2-3 Wochen warten solltest mit deiner Entscheidung, aber..)
- Genießt du es, wenn..
- Spürst du es bereits?
- Das bereitet dir Freude..
- Das wühlt dich auf..
- Ich fühle mit dir..

Wenn du Texte liest, in denen „Ich fühle mit dir, weil ich erlebt habe, dass....“ oder Bestandteile wie „Genießt du es, wenn du dich am Morgen fit und voller Energie fühlst“ vorkommen, hast du das Gefühl, die Botschaft zu spüren. Hier werden deine Gefühle, deine Emotionen direkt angesprochen und reißen dich im besten Fall mit.

Es bringt bei Instagram tatsächlich sehr viel, wenn verschiedene Sinneskanäle angesprochen werden. Der Grund davon ist, dass mehr Leser abgeholt werden können. An dieser Stelle lernst du noch einige besonders effektive Copywriting-Strategien kennen, die auf Instagram tatsächlich sehr viel bewirken können.

Grundsätzlich solltest du dir vor Augen führen, dass deine Leser im Normalfall zwei Gründe haben, warum sie weiterlesen oder sich für dein Produkt interessieren:

1. Sie wollen ein vorhandenes Ziel erreichen
2. Sie wollen ein Problem lösen

Jeder Copywriter oder Texter sollte diese Gründe vor Augen haben und passend dazu einen Text aufbauen. Dann greift die AIDA-Strategie, um den Text zu erstellen. Das verbirgt sich hinter dieser Abkürzung, die jeder Copywriter und jeder, der Instagram richtig nutzen will kennen sollte:

A: Attention

Attention, also Aufmerksamkeit ist immer der erste Schritt, den ein Copywriter verfolgen sollte. Erzeuge Aufmerksamkeit bei deiner Zielgruppe. Ohne diese Aufmerksamkeit ist es nicht möglich, etwas zu verkaufen oder die Zielgruppe so anzusprechen, wie es sinnvoll wäre.

Es handelt sich hier um den ersten Schritt, der bei allen Beiträgen verfolgt werden muss. Denn du solltest beachten, dass es unzählige Beiträge, viel Werbung und viele spannende Dinge gibt, sodass es gar nicht so einfach ist, die Aufmerksamkeit zu gewinnen. Du hast viel Konkurrenz und willst es schaffen, deine Follower einzufangen und zum Innehalten zu bringen? Dabei helfen dir Maßnahmen für mehr Aufmerksamkeit. Nur wenn deine Texte zum Innehalten einladen und dazu bringen, sie lesen zu wollen, kannst du überhaupt zu den nächsten Schritten der AIDA-Technik übergehen.

Überlege dir daher, wie du die volle und ungeteilte Aufmerksamkeit deines Lesers für einen Moment erreichen kannst. Nutze die Möglichkeit, dem Leser deine wichtigste Botschaft mitzuteilen, damit er tatsächlich innehält. Dafür eignen sich:

- Auffällige Wörter (auch im Bild/Video), gezielte Ausdrücke

- Besonders wichtig: Eine sehr starke Headline, die neugierig auf mehr macht und zum Innehalten auffordert

Ein entscheidendes Element bei jedem Text ist die Headline. Du kannst dir diese als einen Vorgeschmack auf den Text vorstellen. Ist sie ansprechend, will man unbedingt mehr erfahren. Passt sie nicht, wird weitergescrollt. Hier einige Beispiele für verkaufsstarke Headlines:

- Das Geheimnis des Stoffwechsels
- 5 Gründe, warum du einen langsamen Stoffwechsel hast
- Machst du auch diese 3 Fehler beim Stoffwechsel?
- Was jeder über den Stoffwechsel wissen sollte
- Wie ich mit Krafttraining 5 Kilogramm Muskeln in nur 6 Monaten aufgebaut habe
- Dieser kleine Fehler kostet Studenten 5.000 Euro pro Jahr
- Wenn du diese 3 Schritte beim Krafttraining ausführst, wirst du dein Muskelwachstum um 150 Prozent steigern
- Hast du jemals von einer Frau gehört, die abnimmt, obwohl sie 3 Mahlzeiten täglich genießt?
- Der kostenlose Ratgeber verrät dir 12 Geheimnisse, um schneller Muskeln aufzubauen
- Die 5 schlimmsten Fehler beim Muskelaufbau – und wie du sie vermeidest!

- Was jeder wissen sollte...über Muskelaufbau
- 5 Gründe, warum du mir zuhören solltest
- Mit nur einem Klick erfährst du, wie du erfolgreich abnehmen kannst!
- Die 10 besten Methoden für den Muskelaufbau
- Diese Technik benutze ich, um morgens zu trainieren
- 5 unfehlbare Methoden, um abzunehmen
- 7 Methoden, mit denen du todsicher abnimmst

Sicher hast du dich gefragt, ob es bestimmte Wörter gibt, die unbedingt in die Überschrift eingebaut werden sollten? Hier findest du einige Wörter, die für mehr Aufmerksamkeit in deiner Headline sorgen:

- Neu
- Effektiv
- Geheimnis
- Verblüffend
- Garantie
- Garantiert
- Fatal
- Erstaunlich
- Sicher
- Endlich
- Nie wieder
- Leicht/ einfach
- Sofort
- Entdecken

- Sparen
- Magisch

Du suchst nach Inspiration? Hier findest du Beispiele, bei denen die Headline ganz sicher für Interesse und Aufmerksamkeit beim Leser sorgt:

20. Dezember 2020 20:28
die Meisten glauben bei
Shootings
- steht man nur vor der Kamera
- lächelt ein bisschen
- hat außerordentlich viel Spaß
Die Wahrheit ist ...
Teilen
Highlight
Mehr

6. November 2020 23:19
DIE 3 GRÖSSTEN MYTHEN
IM MODELBUSINESS
1. DU MUSST SEHR SCHÖN SEIN
2. DU BRAUCHST 90-60-90 MASSE
3. DU MUSST SEHR GROSS SEIN
WAS WIRKLICH ZÄHLT UM 4 BIS 5
- STELLIGE TAGESUMSÄTZE ZU
MACHEN
Teilen
Highlight
Mehr

10. November 2020 21:51
Wie ich mit einem Buch 500€ / Monat verdiene, was ich nicht geschrieben habe
Teilen
Highlight
Mehr

Die vorherigen Beispiele zeigen dir, wie du erfolgreich deinen Leser dazu bringst, weiterklicken zu wollen. Spiele in deiner Headline mit dem Interesse und nutze die „magischen“ Wörter, damit dieses geweckt wird. Spreche von dem Geheimnis, nenne Gründe, Fehler und direkte Ergebnisse. Wichtig ist, dass hier Spannung erzeugt wird, damit der Leser angehalten wird. Sicherlich will jeder das Geheimnis deines Themas kennenlernen oder 3 klassische Fehler entdecken, die immer wieder gemacht wurden.

I: Interest

Wecke das Interesse. Identifiziere Schmerzen und Probleme deines Traumkunden. An dieser Stelle hast du die Aufmerksamkeit durch tolle Bilder sowie durch eine ausdrucksstarke Headline gewonnen. Jetzt musst du deinen Traumkunden vor allem dazu bringen, dass der Text gelesen wird. Stelle dir vor, dass dein Kunde dafür wertvolle Zeit investieren muss. Der Text muss so aufgebaut sein, dass der Kunde in seinen Augen einen spannendend Text liest, durch den er Mehrwert erhält. Mit passenden Bulletpoints, kann man den Inhalt oft noch interessanter darstellen.

Nur wenn du die Wünsche, Probleme und die möglichen Hürden deiner Zielgruppe gut kennst, kannst du hier Erfolge erzielen. Sprich deine Kunden gezielt an, sei spezifisch und achte darauf, dass deine Zielgruppe sich mit deinem Angebot identifizieren kann. Wer es hier schafft, ganz gezielt vorzugehen und Probleme und Schmerzen richtig anzusprechen, kann das Interesse wecken.

D: Desire

Male das Wunschergebnis oder den Traumzustand aus und wecke die Sehnsucht bei deinen Lesern, dieses Ziel zu erreichen.

Nur einige Beispiele:

- Stelle dir vor: Du hast jetzt deinen Traumkörper und die Menschen deiner Umgebung machen dir Komplimente dafür.
- Beim Sport hängst du jetzt alle mit Leichtigkeit ab
- Deine Lieblingsjeans passt endlich wieder!

Sofern sich deine Leser in diesen Wünschen wieder finden, sind sie wie gefesselt von deinem Text. Daher ist es umso wichtiger, seine Zielgruppe genau zu kennen, d.h. um ihre Wünsche und Träume zu wissen.

A: Action

Zu guter Letzt beinhaltet das AIDA-Konzept die Handlung, bei der ein Leser zu einer konkreten Handlung aufgefordert wird. Hier sind folgende Punkte besonders wichtig, damit der Leser auch tatsächlich handelt:

- Gestalte den Prozess einfach und selbsterklärend

- Führe den Leser durch die kommenden Schritte, d.h. nimm ihn regelrecht an die Hand
- Achte auf klare Anweisungen

An dieser Stelle kommt der CTA, der Call to Action, mit ins Spiel. Hierbei handelt es sich um eine Handlungsaufforderung an den Leser, die so gestaltet sein sollte, dass diese tatsächlich zu einer Handlung auffordert. Der Call to Action beendet deinen Text und fordert zu einer Handlung auf, ohne dabei kompliziert zu werden.

Beispiele:

- Swipe up, um endlich deinen Traumkörper zu erreichen!
- Besuche meine Webseite unter xx und entdecke das Geheimnis des Muskelaufbaus!
- Kontaktiere mich für weitere Informationen, wie du deinen Traumkörper erhältst!

Wenn du das AIDA-Prinzip beachtest und mehr Fokus auf deine Texte legst, wirst du mehr Likes und Follower gewinnen und deine Reichweite erhöhen. Wer heute verkaufsstarke Texte einsetzt, kann sich auf mehr Erfolg einstellen. Mit guten Skills beim Copywriting kannst du dich von der Konkurrenz abheben! Arbeite mit verschiedenen Sinneskanälen und achte darauf, dass du bei deinem Leser nicht nur die Aufmerksamkeit weckst, sondern diese auch hältst.

Aber: Steige immer mit einer guten Headline ein, da diese die Aufmerksamkeit weckt und den schwersten Schritt beim Texten übernimmt. Ohne gute Headlines kann der folgende Text toll sein, wird aber keine oder wenig Aufmerksamkeit auf sich ziehen. Nutze die vorher vorgestellten AIDA-Grundlagen und eine tolle Headline, um deinen Leser mitzureißen. Nur so schaffst du es, dass dein Leser dabeibleibt und sich nicht anderen Texten zuwendet!

Fragst du dich noch, wo du deine neuen Taktiken und deine verkaufsstarken Texte einsetzen kannst? Hier möchte ich dir zwei Tipps mitgeben, die sehr gut wirken:

1. Baue eine gute Headline in deine Story ein, damit immer weitergeklickt wird!
2. Nutze eine Bildbearbeitungsapp für eine knackige Headline in einem Bild- oder Videopost. Der Blick fällt schneller auf diese Headline als auf die Bildbeschreibung an sich!

Haftungsausschluss

Der Inhalt dieses Buches wurde mit großer Sorgfalt geprüft und erstellt. Für sämtliche Inhalte kann jedoch keine Garantie übernommen werden. Dies gilt weder für die Richtigkeit, Vollständigkeit, noch Aktualität der Inhalte. Alle enthaltenen Informationen basieren lediglich auf der eigenen Meinung und persönlichen Erfahrung des Autors. Der Autor garantiert mit denen im Buch erwähnten Informationen für keinerlei Erfolge, da diese wie oben genannt, nur auf persönlicher Erfahrung des Autors basieren und lediglich als Unterhaltung dienen sollen. Die Verantwortung, für die im Buch beschriebenen Ziele, liegt einzig und alleine beim Leser selbst. Gleichzeitig wird keine Haftung für die im Buch angegebenen Quellen und externen Webseiten übernommen. Für all diese Inhalte ist ausschließlich der jeweilige Webseitenbetreiber verantwortlich, wodurch der Autor automatisch von einer Haftung ausgeschlossen ist.

Impressum

Dominik Schwarz

1. Auflage 2021

Steffen Zimmermann

Am Wickerbach 21

65719 Hofheim

Printed in Germany
by Amazon Distribution
GmbH, Leipzig

23539534R00055